International Knowledge

contmedia
VERLAG

contmedia VERLAG

Bibliografische Informationen der Deutschen Nationalbibliothek
Die Deutsche Nationalbibliothek verzeichnet diese Publikation in der Deutschen Nationalbibliografie;
detaillierte bibliografische Daten sind im Internet über http://dnb.ddb.de abrufbar.

International Knowledge: Das alte Ägypten
ISBN 978-3-937775-78-4

Konzeption und Gestaltung: Contmedia Verlag GmbH, Burg, Germany.

Mit Illustrationen von Péter Nemes und Slawka Zsolnai.
Bilder soweit nicht anders benannt: Archiv der Contmedia GmbH

Gesamtherstellung: Contmedia GmbH, Meppen, Germany

Printed in Europe

Der Umwelt zuliebe:
Das verwendete Papier ist aus chlorfrei gebleichten Rohstoffen hergestellt, holz- und säurefrei.

DAS ALTE ÄGYPTEN

Lebendige Zeugnisse einer frühen Hochkultur

International Knowledge

Inhalt

DAS ALTE ÄGYPTEN

EINFÜHRUNG

Das alte Ägypten ist eine der ältesten Hochkulturen der Erde. Sie bildete sich um das Jahr 3000 v. Chr. heraus und bestand von da an ungefähr 3000 Jahre lang, bis ihre charakteristischen Merkmale sich durch die wechselnden Fremdherrschaften anderer Völker allmählich verloren.

Während dieser Zeit verzeichnete Ägypten eine Vielzahl großartiger Errungenschaften auf den verschiedensten Gebieten, die uns heute noch mit Erstaunen und Bewunderung erfüllen. Neben den Pyramiden, den einzigen der sieben Weltwundern der Antike, die heute noch erhalten sind (es handelt sich um mehrere Pyramiden), wurden weitere architektonische Meisterleistungen vollbracht, die oft in Verbindung mit der Religion standen.

Ihre Religion spielte für die Ägypter seit Anbeginn eine herausragende Rolle, die gesamte Struktur der ägyptischen Gesellschaft basierte auf religiösen Vorstellungen. Der Glaube an ein Weiterleben nach dem Tod bestimmte über weite Strecken der ägyptischen Geschichte das Leben der Menschen. Religiöse Handlungen und Feste spielten außerdem eine große Rolle in der Gestaltung des täglichen Lebens.

Die natürliche Grundlage für die Herausbildung der ägyptischen Kultur bildete der Nil. Sein lebenspendendes Wasser machte das regenarme Land fruchtbar, das ansonsten nur eine Wüste wäre. Die Regelmäßigkeit seines natürlichen Zyklus ermöglichte den Aufbau einer geordneten und ertragreichen Landwirtschaft, der Basis für alle höheren kulturellen Leistungen.

Das alte Ägypten hat uns eine Unmenge von Ruinen, Bauwerken und Inschriften hinterlassen, die Zeugnis ablegen vom Reichtum dieser Kultur. Vieles von dem, was wir über diese Zeit wissen, verdanken wir der wissenschaftlichen Forschung, die auch heute noch längst nicht abgeschlossen ist.

Kapitel 1

Die Entstehung unseres Wissens

Über eine lange Zeit, bis zum Ende des 18. Jahrhunderts, gab es nur zwei Hauptquellen, aus denen sich unser Wissen über die Kultur des Niltals speiste: Im Alten Testament wird im 1. Buch Mose vom Leben und Schicksal des Volkes Israel in Ägypten berichtet.

Die andere Quelle bildeten die antiken Schriftsteller, deren Texte uns überliefert wurden. Diese Griechen und Römer bereisten die gesamte damals bekannte Welt und berichteten von ihren Erfahrungen. Sie taten dies jedoch zu einer Zeit, als die Blütezeit der ägyptischen Kultur lange zurücklag und durch fremde Einflüsse vielfach überformt war.

Die Geschichte der modernen Erforschung des alten Ägypten begann im 18. Jahrhundert. Mit dem Siegeszug der Wissenschaft im Zeitalter der Aufklärung entstand erstmals ein realeres historisches Bewusstsein. Angeregt durch zufällige Entdeckungen belebte sich auch das Interesse an den Kulturen der vorchristlichen Zeit neu, es war eine Zeit der Abenteurer und Kunstsammler.

Im 19. Jahrhundert entstand schließlich eine wissenschaftliche Disziplin, die verstärkt auf archäologische Ausgrabungen und deren theoretische Systematisierung setzte. Laufend wurden neue Entdeckungen gemacht, und nach und nach vervollständigte sich das Bild, das wir heute vom alten Ägypten haben.

Mit der Weiterentwicklung der Technik werden heute immer erstaunlichere Einblicke in das Leben der alten Ägypter möglich. Gerichtsmedizinische Methoden bringen Aufschlüsse über den Gesundheitszustand der damaligen Menschen, ihrer Krankheiten und Todesursachen.

Mit Hilfe der Computertechnologie können darüber hinaus virtuelle Modelle erstellt werden, die eine Vorstellung davon vermitteln, wie die altägyptischen Städte aussahen.

Den vorläufigen Höhepunkt der Forschung bildet die Unterwasserarchäologie, die mit hohem technischen Aufwand „Ägyptens versunkene Schätze" vom Grund des Meeres heraufholt.

ÄGYPTEN IN DER BIBEL

Schon im Alten Testament, das von der Geschichte des Volkes Israel erzählt, finden sich Hinweise auf das Leben im damaligen Land der Pharaonen.

So erzählen die Autoren des 1. Buch Mose (Genesis), dass der Lieblingssohn des Stammvaters Jakob nach Ägypten verkauft wird und dort sein Glück macht. Durch seine Fähigkeiten als Traumdeuter wird er höchster Vertrauter des Pharao und gelangt zu großen Ehren. Seine Familie führt er mit nach Ägypten, für die späteren Israeliten beginnt eine neue Zeit.

Etwa 400 Jahre später ist das friedliche Zusammenleben zwischen Ägyptern und Israeliten nach Ausweis der biblischen Schriftsteller zerrüttet. Der neue Pharao sorgt sich angesichts des Wohlergehens der Israeliten um die nationale Sicherheit. Hier beginnt die Geschichte von Mose, der sein Volk, die Israeliten, aus Ägypten herausgeführt hat. Als Säugling wird er in einem Korb auf dem Nil ausgesetzt, um der vom Pharao angeordneten Tötung der Erstgeborenen zu entgehen. Er wird von einer Prinzessin, einer Tochter des Pharaos, gerettet und wächst in der Königsfamilie auf. Wegen eines Zwischenfalls (er hatte einen Ägypter getötet, der einen Israeliten schlecht behandelte) muss er aus Ägypten fliehen. Auf seinen Wanderungen durch die Wüste erscheint ihm Gott und erteilt ihm den Auftrag, sein Volk aus Ägypten herauszuführen. Mose kehrt nach Ägypten zurück und macht sich mit Gottes Hilfe zum Anführer seines Volkes.

Der Pharao, der die Israeliten nicht gehen lassen will, wird daraufhin vom Gott der Israeliten hart bestraft. Gott schickt danach 10 Plagen (Naturkatastrophen) über Ägypten, die das Land verheeren.

Moses führt die Israeliten durchs Meer, die Ägypter werden vernichtet

Schließlich führt Moses zusammen mit seinem Bruder Aaron die Israeliten aus Ägypten heraus. Dabei teilt er mit Gottes Hilfe das Rote Meer, und als der Pharao ihn mit seinen Streitwagen verfolgt, lässt er die Wellen über diesen zusammenschlagen.

Die Berichte in der Bibel dürfen jedoch nicht wörtlich genommen werden. Dies hat die historische Bibelforschung gezeigt. Sie weichen durch bewusste und unbewusste Deutung vom tatsächlichen Verlauf der Ereignisse ab. Trotzdem sind sie als Quellen für den Historiker von großem Interesse, weil in ihnen viele Indizien für das Leben im Pharaonenreich geliefert werden.

Pharao

Pharao („Großes Haus", gemeint ist der Palast des Königs) nannten die Ägypter ihren König, der als Inkarnation des höchsten Gottes angesehen wurde. Durch seine göttliche Abkunft legitimiert, konzentrierte er die höchste Befehlsgewalt in seiner Person.

ÄGYPTEN BEI GRIECHEN & RÖMERN

In den überlieferten Texten der griechischen und römischen Epoche finden sich zahlreiche Berichte über Ägypten, seine Geschichte und seine Kultur. Die wichtigsten unter ihnen werden hier kurz vorgestellt.

Einer der Ersten, die über Ägypten berichteten, war der griechische Schriftsteller Herodot. In seinen „Historien" bezeichnete er Ägypten als „Geschenk des Nils" und wunderte sich z.B. über die Verehrung, die die Ägypter den Katzen entgegenbrachten.

Herodot interessierte sich besonders für die Verschiedenheit der Völker und ihre Sitten und Gebräuche. Mit einem lebendigen Auge fürs Detail beschrieb er nicht nur die seinerzeit übermäßige Katzenanbetung, die soweit ging, dass derjenige, der absichtlich oder versehentlich ein solches heiliges Tier tötete, mit dem Tod bestraft wurde. Auch andere kulturelle Praktiken wie etwa die Krokodiljagd und die Einbalsamierung hochrangiger Verstorbener stellte er ausführlich dar.

Herodots Aufzeichnungen sind von einem neutraleren Standpunkt geschrieben als beispielsweise die biblischen Texte. Trotzdem genügen sie nicht heutigen wissenschaftlichen Ansprüchen, was Exaktheit und Widerspruchsfreiheit angeht. Um Herodot in Schutz zu nehmen, muss man allerdings sagen, dass dies auch gar nicht sein Anspruch war. Er nahm sich die Freiheit heraus, die Geschehnisse so zu berichten, wie er sie sah. Man kann seine Werke daher grob als die eines Reiseschriftstellers ansehen, der das für ihn Interessante auswählt, beschreibt, und hier und da etwas hinzudichtet oder weglässt.

Ein weiterer wichtiger Text ist die Königschronik des Manethos, eine auf griechisch geschriebene Geschichte Ägyptens aus dem dritten Jahrhundert v. Chr., als Ägypten bereits in der Hand der Griechen war. Dieser Manethos war ein ägyptischer Priester, der den Versuch machte, die Geschichte der ägyptischen Könige von den Anfängen um 3000 v. Chr. bis in seine eigene Zeit chronologisch darzustellen. Obwohl sein Werk nur bruchstückhaft und über mehrere andere Textzeugnisse überliefert ist, bildete die Abfolge von Dynastien, wie sie Manethos beschrieb, die Grundlage für die spätere Periodisierung der ägyptischen Geschichte.

Der aus Sizilien stammende Geschichtsschreiber Diodor (1. Jh. v. Chr.) berichtete in seiner umfangreichen Universalgeschichte auch vom Schicksal der einfachen Leute und niederen Arbeiter in Ägypten. Diese wurden für die zahlreichen Bauvorhaben der Herrscher eingesetzt oder sie arbeiteten unter harten Bedingungen in den Bergwerken im goldreichen Süden.

Herodot von Halikarnassos

Der griechische Schriftsteller Herodot (ca. 490 bis 425 v. Chr.) gilt als „Vater der Geschichte". In den erhaltenen neun Büchern seiner „Historien" beschreibt er den Lauf der Ereignisse in den verschiedenen Weltgegenden und versucht, das Geschehen in einen sinnvollen Zusammenhang zu bringen, es zu deuten und zu erklären. Das zweite Buch der Historien handelt von Ägypten und seiner Geschichte. Es ist jedoch nicht sicher, ob Herodot Ägypten wirklich bereist hat. Einige sehen ihn ihm einen reinen Gelehrten, der sein Vaterland nie verlassen hat.

Herodot

↳ Grieche, der über Ägypten berichtet

Infolge der römischen Eroberung Ägyptens durch Caesar im Jahre 48 v. Chr. gelangten während der vier Jahrhunderte, in denen „Aegyptus" Teil des römischen Weltreiches war, viele ägyptische Kulturgüter nach Rom, wo sie zunächst durch Zufall, dann zunehmend durch interessierte Sucher, wieder entdeckt wurden.

Der römische Historiker und Philosoph Plutarch (ca. 45 bis 125 n. Chr.) interessierte sich vor allem für die ägyptische Religion, er selbst war in seiner Heimat Griechenland ab 95 n. Chr. als Priester tätig. Zu Plutarchs Zeit wurde der Kult der ägyptischen Göttin Isis in Rom eingeführt und verbreitete sich über weite Teile des Reiches.

Besonderen Einfluss auf Rom hatte die ägyptische Kultur während der Regierungszeit des Kaisers Hadrian (76 bis 138 n. Chr.). Dieser bereiste Ägypten, dabei ertrank sein liebster Begleiter Antinoos tragischerweise im Nil. Hadrian war so verzweifelt, dass er zur Erinnerung an Antinoos eine ganze Stadt aus dem Boden stampfen ließ und seine Künstler und Bildhauer beauftragte, sie mit Abbildern des Verstorbenen zu dekorieren. Nach seiner Rückkehr ließ er zahlreiche dieser Statuen und Skulpturen nach Rom schaffen, deren Entdeckung ein Hauptauslöser für das verstärkte Interesse in Europa war, sich mit der untergegangenen Kultur des alten Ägypten zu befassen.

Eine besondere Fundgrube für Zeugnisse aus dem alten Ägypten stellt die Villa Adriana dar, eine im Auftrag Hadrians erbaute, riesige Anlage. Hier ließ der als Schöngeist bekannte römische Kaiser einen Kanal aus Ägypten nachbauen, den so genannten Kanopus, der damals die Städte Alexandria und Kanopus verband. An dessen Ende stand ein Tempel, der dem griechisch-ägyptischen Gott Serapis geweiht war – das Serapeium.

DIE WIEDERENTDECKUNG ÄGYPTENS

Mit der Rückbesinnung auf die antike Kultur und Tradition während der europäischen Renaissance im 15. Jahrhundert interessierte man sich zunehmend wieder für die alten Kulturen außerhalb Europas. Trotzdem dauerte es mehrere Jahrhunderte, bis die alte ägyptische Kultur wieder zum Gegenstand ernsthaften historischen Interesses wurde.

Im 16. Jahrhundert entdeckte man bei Umbauarbeiten in Rom zahlreiche Relikte ägyptischer Skulpturen, insbesondere wurde Anfang des Jahrhunderts die Villa des Kaisers Hadrian wieder gefunden.

Einer der ersten, die sich eingehender mit Ägypten befassten, war der deutsche Universalgelehrte Athanasius Kirchner (1602 bis 1680), der hauptsächlich in Rom lebte und lehrte. Er beschäftigte sich besonders mit der ägyptischen Schrift, den Hieroglyphen, und entwickelte Theorien zu ihrer Entzifferung. Obwohl seine Werke aus heutiger Sicht überholt sind, hat er jedoch mit seinem Forschungseifer zur Erschließung von Wissen über das Alte Ägypten wesentlich beigetragen.

Die eigentliche Erforschung Ägyptens begann jedoch mit Napoleon Bonaparte, der im Jahre 1798 eine militärische Expedition nach Ägypten unternimmt, um den britischen Einfluss im Mittelmeer zu schwächen. Im Angesicht der Pyramiden soll er seinen Soldaten als Motivation zugerufen haben: „Soldaten, auf euch blicken 4000 Jahre Geschichte herab."

Obwohl die Operation scheiterte (verlorene Seeschlacht bei Abukir 1798) und Napoleon schon 1802 aus dem damals noch islamischen Land zurückkehren musste, markiert sein Eindringen in Ägypten den Beginn der wissenschaftlichen Erschließung der altägyptischen Kultur. Dies hatte seinen Grund darin, dass Napoleon in seinem Treck über 100 Gelehrte mit sich führte, die sich vor Ort ein Bild der Reste der ägyptischen Kultur machen konnten.

Schon im Jahr 1799 wurde ein bahnbrechender Fund gemacht, der so genannte „Stein von Rosette". In der Nähe der kleinen Stadt Rosette im westlichen Nildelta fand man den über einen Meter hohen Block, auf dem Inschriften in drei verschiedenen Sprachen eingemeißelt sind. Sie entstammen der ‚Feder' der obersten ägyptischen Priester und beschreiben detailliert die Herkunft, die Taten und die Verfügungen des damaligen griechischen Königs in Ägypten.

Aufgrund dieses Textes war zum ersten Mal eine vergleichende Untersuchung der Hieroglyphen-Schrift der alten Ägypter möglich. Gelehrte aus ganz Europa veranstalteten eine Art Wettrennen um die Entzifferung der alten Bilderzeichen.

Der Durchbruch gelang schließlich trotz vieler Anfeindungen von Kollegen dem französischen Sprachwissenschaftler Jean-Francois Champollion. In den Jahren 1822 bis 1824 publizierte er nach und nach seine Ergebnisse und schuf damit die Grundlage der modernen Ägyptologie. Von nun an konnten Verzeichnisse erstellt und nach und nach weitere Inschriften, später auch Notizen auf Papyrus, entschlüsselt werden.

Der Stein von Rosette

Ausschnitt aus dem Stein von Rosette

Die „Beschreibung Ägyptens"

Obwohl die Operation Napoleons in Ägypten militärisch gesehen ein Fehlschlag war, war sie wissenschaftlich äußerst ertragreich: Die von Napoleon in Auftrag gegebenen Forschungen und Untersuchungen des Landes und seiner Geschichte mündeten schließlich in das monumentale Werk „Description de l'Egypte" (Beschreibung Ägyptens), das ab 1809 in 20 Bänden sämtliches erworbenes Wissen über das Land und seine Geschichte präsentierte.

DIE ENTSTEHUNG DER ÄGYPTOLOGIE

Die durch die Napoleonische Expedition ausgelöste Begegnung der abendländischen Wissenschaft mit den beeindruckenden Hinterlassenschaften einer Jahrtausende alten Tradition entfachte in der europäischen Oberschicht eine regelrechte Ägyptomanie, eine Begeisterung für alles Altägyptische, das oft einfach an Ort und Stelle eingesammelt und nach Europa verfrachtet wurde.

Mumie eines im 2.Jahrtausend v.Chr. in Memphis beigesetzten Priesters in ihrem Sarkophag

Dabei ist die Anfangszeit hauptsächlich von Abenteurern wie dem Anglo-Italiener Giovanni Belzoni (1778 bis 1823) geprägt, der im Auftrag des Britischen Museums sogar in die Chephren-Pyramide, die zweitgrößte der Pyramiden, eindrang.

Seit Napoleons Rückzug aus Ägypten geriet das Land mehr und mehr unter britischen Einfluss, so dass die meisten Expeditionen von Franzosen und Engländern durchgeführt wurden, die sich oftmals in erbittertem Konkurrenzkampf um das ägyptische Erbe befanden.

Eine Ausnahme bildete der Deutsche Richard Lepsius (1810 bis 1884), der auf Betreiben des preußischen Königs von 1842 bis 1845 in Ägypten forschte und reiche Sammlungen nach Deutschland brachte, mit denen er das Ägyptische Museum in Berlin aufbaute. Auf einer zweiten Reise fand er im Jahre 1866 nahe der Stadt Tanis eine Inschrift, die ähnlich der auf dem Stein von Rosette dreisprachig abgefasst war. Lepsius erwarb sich vor allem auf dem Gebiet der Spracherforschung bleibende Verdienste.

Britische Touristen an den Pyramiden von Gizeh, vor dem 1. Weltkrieg

Mit dem Franzosen Auguste Mariette (1821 bis 1881) beginnt die Phase der Ausgrabungen in Ägypten. Bei einer Ägyptenreise begann er, in Sakkara zu graben, und entdeckte den Zugang zu einem verschütteten Tempel. In den folgenden 30 Jahren führte er zahlreiche Ausgrabungen durch und entdeckte unzählige Ruinen und Artefakte. 1858 wurde er zum obersten Leiter der Ausgrabungen in ganz Ägypten ernannt. In dieser Funktion entwickelte er erstmals ein System, das die erhaltenen Gebäude und Fundstücke vor Plünderung und Zerstörung schützen soll.

Ein weiterer Begründer der Ägyptologie als Wissenschaft war der Engländer William Flinders Petrie (1853 bis 1942). Er führte seit 1880 Ausgrabungen in ganz Ägypten durch, bei denen er auch Kleinfunden mehr und mehr Beachtung schenkte und ein System zur zeitlichen Einordnung von Keramik entwickelte. Außerdem konnten durch seine Funde erstmals Rückschlüsse auf die vordynastische Zeit Ägyptens gezogen werden, und er war der erste, der Röntgenstrahlen zur Untersuchung von Mumien einsetzte.

DAS 20. JAHRHUNDERT

Im 20. Jahrhundert setzt sich dank anhaltender Ägypten-Begeisterung die Erforschung der alten Nilkultur fort. Dabei wurden einige Aufsehen erregende Fortschritte und Entdeckungen gemacht. In der zweiten Hälfte des 20. Jahrhunderts machten vor allem die Verlagerungen und Umsetzungen Schlagzeilen, bei denen bisweilen ganze Tempelanlagen vor der Überflutung durch den Bau des Assuan-Staudamms bewahrt wurden.

Ägyptische Mumie

1922 gelang dem Engländer Howard Carter die Entdeckung der Grabkammer des jungen Pharaos Tutenchamun, die mit zahlreichen Artefakten und Gebrauchsgegenständen gefüllt war. Obwohl Tutanchamun ein relativ unbedeutender Pharao der 18. Dynastie war, enthielt sein Grab sehr viele nahezu unversehrte Gegenstände, sowohl spezielle Grabbeigaben als auch Alltagsgegenstände. Die wohl spektakulärste Entdeckung war die goldene Totenmaske, die der Pharao trug. Sie befindet sich heute im Ägyptischen Museum in Kairo.

Der frühe Tod des Pharao stachelt das Interesse und die Phantasie der Ägyptologen auf besondere Weise bis heute an. Um herauszufinden, ob eine natürliche oder unnatürliche Todesursache vorlag, wurde die Mumie des Pharao Anfang 2005 exhumiert und per Computertomografie (ein verbessertes Röntgenverfahren) untersucht. Zwar fand man zahlreiche Knochenbrüche und Deformierungen, eine endgültige Aufklärung gelang jedoch nicht. Heute befindet sich die Mumie wieder in ihrem Sarkophag im Tal der Könige.

Totenmaske des Tutanchamun

Da bei den Ausgrabungen mit der Zeit mehr und mehr Alltagsgegenstände zum Vorschein kamen, widmeten sich einige Ägyptologen verstärkt der Untersuchung dieser Funde, um etwas über das Leben der Menschen jenseits des Pharaos und

Tutanchamun

Dieser Pharao, dessen Name um die Welt ging, regierte nur etwa 10 Jahre (1333 bis 1323 v. Chr.), wobei er die meiste Zeit unter der Vormundschaft anderer gestanden haben dürfte, da er schon im Alter von etwa 10 Jahren an die Macht kam. Wahrscheinlich wäre von ihm wenig mehr als der Name bekannt geworden, wären nicht sein Grab und seine Mumie zufällig entdeckt worden.

seiner Familie zu erfahren. Schon zu Beginn des 20. Jahrhunderts waren in der Oase Fayum zahlreiche Papyrus-Fetzen aus der Spätzeit Ägyptens (ab 300 v. Chr.) gefunden worden, die eine wertvolle Quelle für das Wissen über die Organisation des täglichen Lebens bilden.

Durch den Bau des neuen Assuan-Staudamms in den Jahren 1960 bis 1971 rückte die Ägyptologie ein weiteres Mal ins Bewusstsein der Öffentlichkeit. Die Zunft der Ägyptologen sah sich plötzlich damit konfrontiert, dass sämtliche bereits ausgegrabenen und noch unentdeckten Zeugnisse unterhalb des ersten Nilkatarakts von Überschwemmung bedroht waren. Dank internationaler Kooperation konnten jedoch die bedeutendsten von ihnen gerettet werden. Mehr als ein Dutzend Tempelanlagen und Grabmäler wurden dank Unterstützung der UNESCO versetzt, darunter die berühmten Tempel von Abu Simbel und Philae.

Der große Felsentempel von Abu Simbel

FRANCK GODDIOS UNTERWASSERARCHÄOLOGIE

Seit etwa 1985 hat sich der französische Mathematiker Franck Goddio (geb. 1947) auf Unterwasserarchäologie spezialisiert. Suchte er anfangs vor allem nach versunkenen Schiffen, begann er ab 1992 mit der systematischen Suche vor der ägyptischen Mittelmeerküste.

Goddio arbeitet bei seinen Untersuchungen nach einer von ihm selbst entwickelten wissenschaftlichen Methode und mit Hilfe modernster Technik, die von Mitgliedern seines Teams eigens weiterentwickelt wird. Goddios Erfolg basiert vor allem auf der akribischen Erstellung von Karten per GPS, die das Gelände unter Wasser erschließen helfen.

Im Jahre 1996 entdeckte er ca. 6,5 km vor der heutigen nordägyptischen Küste die versunkenen Ruinen der Stadt Alexandria, einer der größten Metropolen des damaligen Zeitalters. Die Erforschung der riesigen Anlagen brachte wertvolle Aufschlüsse für die Historiker und Ägyptologen, denn mit Hilfe der Karten war es möglich, sich ein genaues Bild vom Aufbau dieser antiken Weltstadt zu machen.

Immer wieder im Laufe seiner Forschungsarbeiten gelangen Goddio auch spektakuläre Einzelfunde, wie die drei ca. fünf Meter hohen Statuen eines Pharaos, seiner Gemahlin und des Nilgottes Hapi, oder die komplett erhaltene Stele von Herakleion mit Inschriften aus dem 4. Jahrhundert v. Chr.

Die Reste der antiken Hafenstadt Herakleion, die von den Ägyptern Thonis genannt wurde, entdeckte Goddio in der Bucht von Abukir im Jahr 2000. Wenig später kamen etwas weiter östlich weitere Strukturen zum Vorschein, die sich als Teile der Stadt Kanopus entpuppten.

Insgesamt brachten Goddio und sein Team von Unterwasserarchäologen während der letzten 12 Jahre mehrere Tausend Einzelfunde vom Meeresboden ans Tageslicht, von komplett erhaltenen Statuen bis hin zu Vasen und rituellen Gefäßen. Seit 2006 ist ein Teil dieser Funde, die sich über den Zeitraum von 700 v. Chr. bis 800 n. Chr. erstrecken, erstmals einer breiteren Öffentlichkeit zugänglich.

Goddio, der auch im Bereich der Vermarktung sehr aktiv ist, und viele internationale Kooperationen unterhält, konzipierte die Ausstellung „Ägyptens versunkene Schätze", die zunächst in Berlin zu sehen war. Danach zog sie über Paris und Bonn nach Madrid weiter, wo sie bis zum 31.12.2008 stattfand, und interessierte Besuchern zur Besichtigung einludt.

Stele

Als Stele bezeichnet man eine freistehende steinerne Platte oder Säule, auf der Inschriften und/oder Reliefs eingemeißelt sind. Stelen übermitteln der forschenden Nachwelt wertvolle Informationen. Oftmals sind sie Teil von Gräbern und Grabanlagen und dienen der Bewahrung des Andenkens der Verstorbenen.

Kapitel 2

DAS LAND ÄGYPTEN

Der Naturraum Ägyptens bildete mit seinen Besonderheiten die Voraussetzung für die Einzigartigkeit der altägyptischen Kultur. Im Gegensatz zu vielen anderen Erdregionen, in denen sich die ersten menschlichen Hochkulturen entwickelten, war das nordostafrikanische Siedlungsgebiet entlang des Nils von anderen Ländern relativ gut abgeschlossen: Im Westen durch die endlose Weite der Lybischen Wüste, im Osten durch ein bis zu 2000 m hohes Gebirge, das bis heute von der Sinai-Halbinsel im Norden bis zum Horn von Afrika reicht. Im Norden bildete das Mittelmeer eine natürliche Grenze, nur im Süden ging das ägyptische Kernland fließend nach Nubien (im heutigen Sudan) über, was schon früh zu Handelsbeziehungen, aber auch immer wieder zu Konflikten führte.

Während der Nil in seiner näheren Umgebung das ansonsten trockene und heiße Land fruchtbar machte, enthielten die umliegenden Länder und Gebirge wichtige Rohstoffe und Bodenschätze, die die Grundlage für die Entfaltung der monumentalen Bautätigkeit bildeten

DER NIL, LEBENSADER ÄGYPTENS

„Ägypten ist der Nil und der Nil ist Ägypten", soll schon Herodot gesagt haben. Das ist keineswegs übertrieben.

Ohne diesen besonderen Fluss, der Ägypten auf über 1000 km Länge durchfließt, wäre das Land nur eine staubige, unbewohnbare Ödnis. So jedoch bildete sich nach dem Ende der letzten Eiszeit (ca. 10000 v. Chr.) das Niltal in der heutigen Form heraus, praktisch eine 5 bis 20 km breite Oase mit einer reichen Flora und Fauna.

Doch sind es nicht nur die Größe und Länge des Flusses, die seine Bedeutung für Ägypten ausmachten, sondern auch die Regelmäßigkeit der jährlichen Überschwemmungen. Sie bildeten die Grundlage für die Entwicklung der altägyptischen Landwirtschaft, die wiederum die Voraussetzung für die Blüte jeder Kultur darstellte. Jährlich zwischen Juni und September überschwemmte der Nil während des Hochwassers die Felder, auf denen sich der fruchtbare Schlamm ablagerte. Nach der Farbe dieses Schlamms nannten die Ägypter ihren Lebensraum „schwarzes Land", die Wüstengebiete jenseits des Vegetationsgürtels hießen dagegen „rotes Land".

Etwa 180 km vor seiner Mündung ins Mittelmeer fächert sich der Nil noch heute in viele kleine Arme auf, er bildet ein so genanntes Delta. Dieser Naturraum war seit Anbeginn eines der Kernsiedlungsgebiete der Ägypter, hier lagen fruchtbare Weideflächen, viele Dörfer und einige der bedeutendsten Städte.

In Richtung Süden ergab sich eine natürliche Gliederung des Nils durch die Katarakte, gefährliche Engstellen mit Stromschnellen. Jenseits des ersten Katarakts begann Nubien, ein Land mit reichen Goldvorkommen, auf das die Pharaonen seit frühester Zeit ein Auge geworfen hatten. Zur Zeit der größten Ausdehnung während des Mittleren Reiches reichte Ägyptens Macht sogar bis jenseits des vierten Nilkatarakts, der heute im Sudan liegt.

Schon früh legten die Ägypter Bewässerungsanlagen an, die sich aus dem Wasser des Nils speisten, und sie befuhren den Fluss mit Schiffen, auf denen sie ihre landwirtschaftlichen Erzeugnisse transportierten. Außerdem machten sie Jagd nicht nur auf Fische, sondern sogar auf Krokodile und die imposanten Nilpferde.

Um die im Laufe eines Jahres wiederkehrenden Überschwemmungen besser kontrollieren zu können, entwickelten die alten Ägypter „Nilometer", in Stein gehauene Tafeln, auf denen man die Höhe des Wasserstandes ablesen konnte. So konnte man die schädlichen Auswirkungen außergewöhnlichen Hoch- oder Niedrigwassers früh erkennen und Hungersnöte vermeiden.

Das Nildelta

Das Nildelta entstand, wie jedes Flussdelta, durch die Ablagerung von Sedimenten, die der Fluss mitführt. Diese werden für ihn selbst zum Hindernis und führen zur Aufspaltung in mehrere Arme, zwischen denen teilweise Sumpflandschaften entstehen. Das Mündungsgebiet nimmt dabei die Form eines Dreiecks an, welches dem griechischen Buchstaben Delta entspricht.

DIE OASE FAYUM

Etwa 100 km südwestlich des Nildeltas liegt eine einzigartige Mischung aus Natur- und Kulturlandschaft, das Fayum-Becken. Während des Mittleren Reiches (ca. 2000 bis 1775 v. Chr.) in seiner heutigen Gestalt entstanden, hat es bis heute nichts von seiner Schönheit und Bedeutung eingebüßt.

Der Nil hat sich in den letzten 40 Jahren durch den Bau des Assuan-Staudamms stark verändert. Aber auch in antiker Zeit wurde bereits in den Lauf des Flusses eingegriffen.

Während der 12. Dynastie wurde wahrscheinlich unter Pharao Amenemhet II., damit begonnen, einen Nebenarm des Nils zum Kanal auszubauen, um die Oase Fayum, ein großes Becken südwestlich des Nildeltas, dauerhaft zu erschließen. Dämme wurden errichtet, um das Wasser des Nebenarms durch einen Kanal kontrolliert in das Becken einzuleiten.

Auf diese Weise konnte nicht nur ein Teil des Sumpflandes erschlossen werden, sondern es bildete sich auch ein großer See, der so genannte Merwer-See, vom dem auch Herodot berichtet und der von den Griechen Moeris („großer

See") genannt wurde. Durch die Versalzung und Verdunstung ist von diesem See heute nur noch ein kleiner Teil übrig geblieben, wobei es jedoch auch Forscher gibt, die bestreiten, dass es sich um denselben See handelt.

Die üppige Landschaft im Fayum hat sich durch ihre Mannigfaltigkeit und Fruchtbarkeit zu einem der wichtigsten Gebiete Ägyptens bis in heutige Zeit entwickelt, was die Landwirtschaft betrifft. Die herausragende Bedeutung des Ortes lässt sich auch daran ermessen, dass einige Herrscher des Mittleren Reiches ihre Pyramiden hier errichteten.

Wie an vielen anderen Stellen des Niltals blühten hier die Lotospflanzen, eine Seerosenart, die nicht nur wegen ihrer Schönheit beliebt war, sondern auch wegen der essbaren Wurzeln. Sie wurde deshalb mit Vorliebe in den Gärten der reicheren Bürger kultiviert und gepflegt.

Die wichtigste Stadt im Fayum war Schedet, das von den Griechen Krokodilopolis genannt wurde, weil hier eine Krokodilgottheit verehrt wurde, genannt Sobek. Als Stellvertreter des Gottes hielt man stets ein lebendes Exemplar in einem eigens dafür angelegten Bassin gefangen.

FLORA & FAUNA

Der Tier- und Pflanzenbestand im Einzugsgebiet des lebensbringenden Nilwassers war außerordentlich reich. Besonders im Delta lebten neben zahlreichen Großtier- und Vogelarten auch unzählige Insekten, die den Feldarbeitern das Leben nicht unbedingt angenehmer machten.

Die Ägypter hatten zu Tieren wie Pflanzen ein doppeltes Verhältnis: Einerseits verehrten sie sie als göttliche Wesen, was soweit ging, dass bestimmte Arten mumifiziert wurden, andererseits waren sie darauf angewiesen, sie zu pflegen, zu züchten und zu jagen.

Auf den Feldern wurde vor allem Getreide angebaut (Gerste und Weizen) sowie Flachs, aus dem die Bekleidung hergestellt wurde. Dazu kamen Hülsenfrüchte, Zwiebeln und Knoblauch sowie Obst, das meist in Gärten angebaut wurde: Datteln und Feigen, Wassermelonen und Weintrauben.

Die sumpfigen Ufer des Nils bestimmte die Papyruspflanze, die riesige Böschungen aus Schilfdickichten bildete, in denen viele Tiere lebten und die deshalb von den Ägyptern regelmäßig bejagt wurden. Vor allem Vögel lebten hier, Enten, Reiher und Palmtauben, aber auch Insekten wie Heuschrecken und viele Schmetterlingsarten.

Von den Großtieren sind neben den schon erwähnten, als hohe Gottheiten verehrten Krokodile und Nilpferde, vor allem Affen (Paviane und Meerkatzen) zu nennen, weiterhin natürlich die Katze, die ab etwa 3000 v. Chr. domestiziert wurde.

Unter den Großkatzen nahm der Löwe von Anfang eine beherrschende Stellung im altägyptischen Denken ein. Davon zeugen die Sphingen, deren bekannteste vor den Pyramiden von Gizeh steht. Doch auch andere Arten wie Leopard und Gepard waren bekannt und wurden teilweise wohl sogar als Haustiere gehalten, wie manche Wanddarstellungen nahelegen. Auf diesen finden sich auch zahlreiche weitere Darstellungen von Tieren, wie z.B. Igeln, Hasen, Füchsen, Honigdachsen und Wüstenspringmäusen.

Von den Nutztieren kannten die Ägypter schon seit mindestens 5000 v. Chr., wahrscheinlich noch früher, die wichtigsten Arten Rind, Schwein, Schaf und Ziege sowie den Haushund. Eine wichtige Rolle spielte der Esel, das Pferd wurde von außen etwa um 1650 v. Chr. eingeführt. Graugänse bildeten den Hauptbestand des Hausgeflügels, Hühner gelangten erst sehr spät nach Ägypten.

Papyrusstaude

Sphinx

Eine Sphinx (Plural: Sphingen) ist eine Statue mit dem Körper eines Löwen und einem Menschenkopf oder auch dem Kopf eines anderen Tieres, das als Gott verehrt wurde. Die berühmteste Sphinx ist die von Gizeh bei den Pyramiden, die den Kopf eines noch nicht zweifelsfrei ermittelten Pharao trägt. Sphingen verschiedener Art und Größe wurden oft als eine Art Wächter von Bauwerken aufgestellt.

Gerade bei den reicheren Ägyptern war es Mode, sich Wildtiere zu halten, wie zahlreiche Knochenfunde belegen. Neben den beliebten Affen und Katzen galt dies für den heiligen Ibis, einen storchenähnlichen Wasservogel, für den extra künstliche Seen angelegt wurden.

Die größte Gefahr ging von Schlangen (Kobras, Vipern) und Skorpionen aus. Trotzdem verehrte man sie als Götter und versuchte, diese durch Opfergaben und mit Hilfe von Magie zu besänftigen.

DIE REGIONEN

Das Kernland Ägyptens bestand seit seiner Entstehung aus den beiden Teilregionen Ober- und Unterägypten. Handelsbeziehungen und militärische Eroberungen brachten die Ägypter in Kontakt mit anderen Ländern und Völkern, die zu verschiedenen Zeiten in der Geschichte Ägyptens ihre Rolle gespielt haben.

Unterägypten erstreckte sich vom Mittelmeer bis zum Beginn des Deltas, wo sich der Nil allmählich in mehrere Arme aufzuteilen beginnt. Gibt es heute nur noch zwei Mündungsarme, so wurde das Delta in altägyptischer Zeit von bis zu sieben Hauptarmen durchzogen. Im weiteren Sinne gehörten auch noch die Oase Fayum und einige Städte bis zu 50 km vor dem Delta zu Unterägypten. Das Land war geprägt von den fruchtbaren Weideflächen und dem mediterranen Klima, das eine üppige Vegetation entstehen ließ. Symbolisiert wurde Unterägypten seit jeher durch die rote Krone, die der Herrscher des Landes trug, sowie durch die Schlangengöttin Wadjet, der die Entstehung des Papyrus zugeschrieben wurde, welcher überall im Delta reichlich sprießte.

Das alte Ägypten zur Zeit seiner größten Ausdehnung

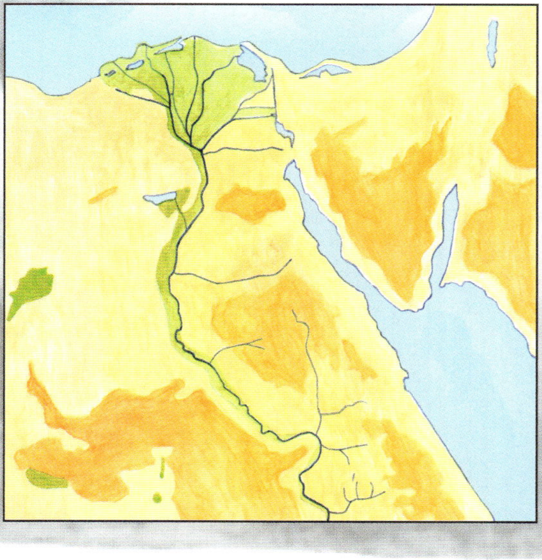

Den südlichen Landesteil bis zum ersten Nilkatarakt bildete Oberägypten, dessen König traditionell eine weiße Krone trug. Von hier aus wurde der Überlieferung nach das Land etwa 3100 v. Chr. zu einem einheitlichen Territorium vereinigt. Das Kerngebiet Oberägyptens lag zwischen Assuan und Abydos auf einer Länge von etwa 300 km. Nördlich davon lagen nur wenige Städte, so dass zwischen Unter- und Oberägypten stets ein nur dünn besiedeltes Gebiet lag. Die Schutzgöttin Oberägyptens war Necheb, die durch einen Geier dargestellt wurde.

Nubien, das Land, das sich südlich von Oberägypten vom ersten bis zum vierten Nilkatarakt erstreckte, wurde im Mittleren Reich erstmals das Ziel ägyptischer Expansion. Die Ägypter nannten das Land auch Kusch und seine Einwohner, die von deutlich dunklerer Hautfarbe als sie selbst waren, Kuschiten. Über einen langen Zeitraum der ägyptischen Geschichte war Nubien praktisch eine Provinz Ägyptens, die Tribut leisten musste: vor allem Gold und Silber, aber auch andere Rohstoffe, außerdem Tiere. In der Spätzeit Ägyptens kehrten sich die Machtverhältnisse um und das Land wurde von Nubien aus beherrscht, wovon zahlreiche Bauten zeugen.

Noch weiter südlich liegt ein schwer zu lokalisierendes Land, von den Ägyptern Punt genannt, mit dem man Handelsbeziehungen unterhielt, indem man Schiffe über das Rote Meer fahren

Die Oase Siwa

Die Oase Siwa liegt etwa 600 km westlich des Nildeltas inmitten der Libyschen Wüste. Als Alexander der Große 331 v. Chr. Ägypten eroberte, pilgerte er zum Orakel des Amun, um sich vor seiner Krönung zum Pharao die Gunst des Gottes Amun zu sichern. Der Legende nach fiel der Orakelspruch günstig für ihn aus, was Alexander seinen Begleitern in knappen Worten signalisiert haben soll: „Ich habe gehört, was ich hören wollte."

ließ. Eingeführt wurden vor allem Myrrhe und Weihrauch, aber auch Gold, Zedernholz und Elfenbein. Offenbar war das Land so reich an Gütern, dass man immer wieder Expeditionen auf die weite Reise schickte. Die große Entfernung verhinderte jedoch eine dauerhafte ägyptische Herrschaft im „Goldland".

Im Westen grenzte Libyen an Ägypten. Zwischen der fruchtbaren Nilebene und diesem Land liegt die Libysche Wüste, die der Berührung beider Länder eine natürliche Barriere darstellte. Trotzdem sind erste Auseinandersetzungen schon für die Zeit des Alten Reiches belegt. Die Libyer siedelten sich von Westen her kommend in den Oasen an, deren berühmteste die Oase von Siwa war. Wie Nubien sollte auch Libyen einmal über Ägypten herrschen, nämlich während zweier Jahrhunderte der Spätzeit (22. Dynastie, ca. 950 bis 750 v. Chr.).

Ebenfalls sehr früh bestanden Handelsbeziehungen nach „Asien", womit vor allem Palästina und Syrien gemeint waren. Seit 2600 v. Chr. importierte man kontinuierlich Zedernholz aus der alten Handelsstadt Byblos, das vor allem dem Bau von Schiffen diente. Später wurde auch dieser Teil der Levante zur ägyptischen Provinz.

Zur Zeit der größten Ausdehnung im Neuen Reich gelangte man bis nach Syrien, wo man vor allem in den Hethitern, deren Hauptstadt Hattusa im Gebiet der heutigen Zentraltürkei lag, einen ebenbürtigen Feind fand. Nach jahrzehntelangen Auseinandersetzungen wurde schließlich der Orontes in Syrien als Grenzfluss festgelegt.

Die Levante

Als Levante (ital. „Morgenland") bezeichnet man geographisch die östlichen Mittelmeerländer, zu denen heute Israel und die Palästinsensergebiete, der Libanon sowie Teile Syriens und Jordaniens gehören. Die Levante war in der antiken Welt wegen ihrer Fruchtbarkeit und Rohstoffvorkommen ein wichtiger und oft umkämpfter Landstrich.

DIE STÄDTE

Eines der Hauptmerkmale einer sich entwickelnden Hochkultur war die Entstehung größerer Siedlungseinheiten mit verschiedenen Funktionsbezirken und oft monumentalen Bauten. Die Möglichkeit ihrer Entfaltung beruhte auf dauerhaften Überschüssen aus der landwirtschaftlichen Produktion, die Arbeitsteilung und damit einhergehende Spezialisierung nach sich zogen.

Im Laufe der langen Geschichte Ägyptens wurden zahllose Städte erbaut, umgebaut oder zerstört. Beim Wechsel von einer Dynastie zur nächsten wurde oft eine andere Stadt zur Hauptstadt des Reiches erwählt oder eine ganz neue erbaut. Die größten und wichtigsten werden im Folgenden kurz dargestellt.

Memphis („Weiße Mauer"), das zwischen dem Nildelta und dem Fayum-Becken lag, war die erste Hauptstadt Ägyptens nach der Vereinigung Ober- und Unterägyptens. Man nimmt an, dass sie während der gesamten Zeit des Alten Reiches (2700 bis 2200 v. Chr.) Hauptstadt blieb und auch später noch von großer Bedeutung war. In der Nähe von Memphis liegen die Nekropolen Giseh, Sakkara und Daschur mit den Pyramiden verschiedener Zeiten und Stile des Alten Reiches.

Theben, vom griechischen Dichter Homer als „hunderttorige Stadt" besungen, lag etwa im Zentrum von Oberägypten. Ihr Aufstieg fällt in die Zeit des Mittleren Reiches, wo sie von den Königen der 11. Dynastie nach und nach zum kulturellen Zentrum ausgebaut wurde. Die zu Theben gehörigen Stätten waren über ein großes Gebiet verstreut, dazu gehörte auch das „Tal der Könige" mit den berühmten Tempeln von Luxor und Karnak. Die Bedeutung der Stadt auch in späterer Zeit liegt darin, dass der thebanische Lokalgott Amun, der Gott des Windes, mehr und mehr an Stellenwert in der ägyptischen Religion gewann.

Heliopolis, die „Sonnenstadt", war neben Memphis und Theben die dritte große Stadt des Alten Ägypten. Sie lag südlich des Deltas am Ostufer des Nils und beherbergte eines der bedeutendsten Kultzentren, das Heiligtum des Sonnengottes Re. Spätestens seit der 3. Dynastie bestehend, ist von ihr heute wenig mehr erhalten als zwei Obelisken, von denen einer noch vor Ort ist, der andere den Weg nach Rom fand, wo er noch heute steht.

Die Stadt Achetaton (heute Amarna) wurde von dem eigenwilligen Pharao Echnaton während seiner Amtszeit als neue Hauptstadt auf halbem Wege zwischen Memphis und Theben gegründet, um hier der von ihm neu eingeführten Religion zu huldigen. Ihre Fundamente sind zu großen Teilen erhalten und ermöglichen den Blick auf die altägyptische Stadtplanung. In ihrer Nähe befand sich außerdem Hermopolis, ein altes Kultzentrum, dessen Gott Thoth in der ägyptischen Religion eine zentrale Rolle einnahm.

Kapitel 3

Die Geschichte

Trotz aller Veränderungen und Wechselfälle im Einzelnen ist es gerade die außerordentliche Kontinuität der ägyptischen Kultur, die man herausheben muss. Während des langen Zeitraums von 3000 Jahren hat sich die Struktur der Gesellschaft mit ihren wesentlichen Merkmalen kaum verändert.

Selbst als im letzten Jahrtausend vor Christus die Ägypter mehr und mehr unter die Fremdherrschaft anderer Völker gerieten, blieb doch die Substanz ihrer kulturellen Errungenschaften weitestgehend erhalten. Die Anziehungskraft des ägyptischen Lebens war offenbar so groß, dass andere Völker sich dieses zum Vorbild nahmen und es mit ihrer eigenen Kultur vermischten.

Vom ersten Pharao, dessen Name uns überliefert ist, Narmer, bis zu Kleopatra, der berühmt gewordenen letzten Königin Ägyptens, herrschten mehr als 300 Gottkönige über das Land des Nils. In vielen kulturellen Bereichen – Religion und Architektur, Literatur, Malerei und Kunsthandwerk – schufen die alten Ägypter Außerordentliches, das nicht nur die Zeitgenossen, sondern auch uns Heutige mit Bewunderung erfüllt.

VORZEIT & GRÜNDUNGSZEIT

Um die lange Geschichte Ägyptens besser zu überblicken, teilt man sie in verschiedene Epochen ein. Die einzelnen Epochen gliedern sich wiederum in die Perioden der Herrschaft der 30 Dynastien, die im Wechsel der Zeiten über Ägypten geherrscht haben.

Wie man von archäologischen Funden weiß, war das Niltal schon vor mehr als 10 000 Jahren von Menschen besiedelt. Während dieser Zeit bestand bereits eine neolithische Kultur, die Menschen waren sesshaft, lebten in dörflichen Siedlungen und betrieben Ackerbau und Viehzucht. Auch gab es erste Ansätze von Handwerk, und der Nil wurde bereits mit Booten befahren.

Die Anfänge der ägyptischen Hochkultur, die eng mit der Erfindung der Schrift und des Kalenders verbunden sind, liegen weitgehend im Dunkeln. Um 3100 v. Chr. gab es offenbar bereits die zwei Länder Ober- und Unterägypten, die von zwei Landesfürsten regiert wurden. Der Name des legendären ersten Pharao war Narmer. Er war wahrscheinlich ein oberägyptischer König, der von dort aus Unterägypten eroberte (bildliche Darstellungen zeigen ihn als stolzen Herrscher mit großem Gefolge). An der Grenze beider Länder erbaute er die Stadt Memphis und regierte von dort aus über Ober- und Unterägypten. Als erster trug er die rot-weiße Doppelkrone als Zeichen der Vereinigung der beiden Länder. Bestatten ließ er sich in seiner Heimat Oberägypten, wo man in der Stadt Abydos Königsgräber mit seinem Namen gefunden hat.

Die rot-weiße Doppelkrone

Narmer-Palette

Der zweite Name eines Pharao, der überliefert ist, ist der des Horus Aha. Wie Narmer betrachtete auch Aha sich als Abkömmling des Falkengottes Horus, daher sein Beiname. In der Königschronik des Manethos heißt dieser Herrscher Menes, und ihm werden ruhmreiche Taten zugeschrieben wie die Verteidigung des Landes gegen Libyer und Nubier und der Ausbau der Stadt Memphis zur Hauptstadt des Reiches.

Die Lebensdaten Narmers und Ahas sind nicht gesichert. Ursprünglich nahm man an, dass es sich um dieselbe Person handelte oder Aha der Sohn des Narmer gewesen sein könnte. Inzwischen nimmt man aber an, dass zwischen Narmer und Aha mehrere unbekannte Herrscher gelebt haben könnten. Narmers Lebenszeit dürfte daher ungefähr zwischen 3100 und 3000 v. Chr. gelegen haben, während Aha seine Regentschaft etwa um das Jahr 2950 v. Chr. begonnen hat.

Horus-Aha stammte aus der Stadt Thinis im mittleren Oberägypten. Da er als Begründer der ersten ägyptischen Dynastie gilt, deren Herrscher alle den Beinamen des Gottes Horus tragen, wird die Frühzeit des Ägyptischen Reiches auch Thinitenzeit genannt. In dieser Zeit bildeten sich die Konturen der ägyptischen Gesellschaft heraus. Die Landesgrenzen wurden befestigt, fremde Einflüsse wurden zurückgedrängt, eine Verwaltung und die Anfänge eines organisierten Wirtschaftssystems entstanden.

In der zweiten Dynastie schien die gerade erst etablierte Ordnung ins Wanken zu geraten, es gab Streit um die Herrschaft, einzelne Landesteile spalteten sich ab sich ab. Unter Pharao Chasechem (um 2740 v. Chr.) gelang die erneute Einigung des Landes.

Dynastie

Als Dynastie bezeichnet man eine Abfolge von Herrschern, die einer Familie angehören und es schaffen, die wichtigsten Ämter in einem Land fortlaufend aus den eigenen Reihen zu besetzen und damit die Herrschaftsstruktur zu sichern. Das wohl wichtigste Problem im Zusammenhang mit Dynastien ist die Thronnachfolge, deren Regelung oft zu Schwierigkeiten führt.

DAS ALTE REICH

Die erste Blütezeit der altägyptischen Kultur wird wegen ihrer herausragenden Architektur auch „Pyramidenzeitalter" genannt. Während der dritten bis sechsten Dynastie gelang eine Festigung der Gesellschaftsstrukturen, die die Basis bildete für die großartigen Leistungen dieser Zeit. Die späteren Generationen von Ägyptern blickten auf dieses Zeitalter als das goldene zurück, dem man nachzueifern versuchte.

Hauptstadt und politisches Zentrum des Reiches war nun endgültig Memphis. Die Königsgräber wurden sämtlich in der Nähe dieser Stadt errichtet, nicht mehr im Süden in Oberägypten.

Aus der dritten Dynastie, deren erster Pharao Nebka hieß, überragt ein Name die aller anderen: der des Pharaos Djoser (Regierungszeit von 2690 bis um 2670 v. Chr.), unter dessen Regierung das Land einen ungeheuren kulturellen Aufschwung genommen haben muss. Die Verwaltung wurde ausgebaut und Karawanen wurden ausgeschickt, um Handelsbeziehungen mit nahe gelegenen Gegenden (Nubien, Sinai) zu etablieren. In neu entstehenden Werften wurden größere Schiffe aus dem Holz gefertigt, das man aus der Stadt Byblos herbeischafft. Außerdem wurden die Literatur und die Medizin gefördert, wie aus Inschriften zu Ehren König Djosers hervorgeht.

Den möglicherweise größten Fortschritt verzeichnet jedoch die Architektur. Unter dem obersten Beamten und Baumeister Imhotep wurden erstmals Bauten aus „geglätteten Steinen" errichtet, deren größter die Stufenpyramide von Sakkara ist, wo Djoser bestattet wurde. Diese besteht aus mehreren übereinander gebauten quadratischen Grabformen (Mastabas) und erreicht eine Höhe von über 60m. Sie gilt als erster monumentaler Steinbau der Welt. Die Stufenform war möglicherweise der Versuch, dem verstorbenen Pharao einen treppenartigen Aufstieg zum Himmel zu ermöglichen. Die Pyramide von Sakkara wurde zur Hauptpilgerstätte des Alten Reiches. Wer es sich leisten konnte, kam hierher, um das Andenken des großen Djoser zu ehren und sein Grab zu bewundern.

Während der dritten Dynastie wurden weitere Pyramiden geplant, die jedoch mehr oder weniger unvollendet blieben. Einer der Nachfolger König Djosers (möglicherweise König Huni) erbaute die Pyramide von Medum, die den Übergang von der Stufenform zur glatten Form zeigt.

Während der vierten Dynastie (ca. 2639 bis 2504 v. Chr.) setzte sich die Blüte der ägyptischen Kultur, gemessen an den immer größer werdenden Pyramidenbezirken, fort. Der Bereich der Religion war von stärkerer Institutionalisierung geprägt, wodurch sich die Bedeutung der Priester und Tempelanlagen erhöhte. Der Kult des Gottes Horus von Edfu wurde zunehmend durch den des Sonnengottes Re von Heliopolis aus seiner höchsten Stellung verdrängt, schließlich wurde der Pharao als Sohn des Re angesehen.

Die Expeditionen nach Libyen und über den Sinai in den Libanon wurden, (teilweise militärisch) verstärkt, das Ausmaß an verfügbaren Kulturgütern stieg durch die Spezialisierung des Handwerks enorm an, und in der Landwirtschaft wurde erstmals der Pflug verwendet, was zur Steigerung der Erträge führte.

Der erste Pharao der vierten Dynastie war Snofru (Regierungszeit ca. 2670 bis 2620 v. Chr.). Funde aus dieser Zeit zeugen von dem außerordentlichen Luxus, an dem die Königsfamilie sich erfreut haben muss. Snofru ließ gleich zwei Pyramiden in Daschur nahe bei Memphis errichten. Sie sind offenbar von Anfang an als Pyramiden geplant worden und verfügen bereits über die glatten Wände der nachfolgenden Gizeh-Pyramiden. Markant ist die ältere der beiden Pyramiden durch einen Knick, der durch die Änderung des Winkels zustande kommt. Diese Maßnahme könnte ihren Grund entweder in fehlerhafter Planung oder in Problemen mit dem Untergrund gehabt haben.

Stufenpyramide von Sakkara

Pyramiden von Gizeh mit Sphinx

Unter Snofrus Nachfolger Cheops (Regierungszeit ca. 2620 bis 2580 v. Chr.) erreichte die Pyramidenbaukunst des Alten Reiches ihren Höhepunkt. In Gizeh einige Kilometer nordwestlich von Memphis ließ Cheops die nach ihm benannte, ursprünglich 147 m hohe Pyramide errichten. Dank ihrer Perfektion gilt sie noch heute als ein Meisterwerk der Baukunst, die Art und Weise ihrer Errichtung konnte bisher nicht endgültig geklärt werden. Gleichzeitig wurde auch die Gesamtanlage der Pyramidenbezirke immer komplexer, für den Anhang wurden kleinere Pyramiden errichtet, dazu kamen Tempel, Mauereinfriedungen und Zugangswege.

Nach Pharao Cheops kam es offenbar zu Thronstreitigkeiten unter den Söhnen, was der weiterhin regen Bautätigkeit aber wenig Abbruch tat. Neben der Cheops-Pyramide errichtete Pharao Chephren (Regierungszeit ca. 2570 bis 2530 v. Chr.) eine weitere, fast ebenso große, außerdem ließ er wahrscheinlich die berühmte Sphinx anfertigen, die das gesamte Areal zu bewachen scheint.

Chephrens Sohn Mykerinos errichtete die kleinste der drei Gizeh-Pyramiden, bevor man sich in der nachfolgenden 5. Dynastie mehr und mehr auf den Bau von Heiligtümern verlegte.

Mit Beginn der 5. Dynastie (2504 bis 2347 v. Chr.) wurden die Pyramidengräber kleiner, man ging dazu über, zu Ehren des Sonnengottes Re weiträumige Sonnentempel unter freiem Himmel zu errichten. Zentrales Element dieser Heiligtümer waren die freistehenden Obelisken.

Während der 5. Dynastie begann jedoch die Macht der Pharaonen allmählich zu schwinden. Mehr und mehr Aufgaben wurden an hohe Beamte und Landesverwalter dirigiert, verbunden mit Güter- und Landzuwendungen. Gleichzeitig verlor der Pharao durch die starke Verehrung der Sonne (Re) einen Teil seiner göttlichen Aura.

Diese Tendenz verstärkte sich noch während der 6. Dynastie (2347 bis 2216 v. Chr.), die Zentralgewalt löste sich langsam auf zugunsten der regionalen Gauverwalter. Unter Pharao Pepi I. herrschte die letzte Blüte des Alten Reiches und erstmalig Außenhandel mit dem Land Punt. Am Ende der 6. Dynastie (Pepi II.) brach die Einheit des Alten Reiches, zusätzlich geschwächt durch Aufstände in den Grenzregionen, zusammen.

ERSTE ZWISCHENZEIT

Die so genannte erste Zwischenzeit (ca. 2216 bis 2025 v. Chr.) war eine Epoche kulturellen Niedergangs. Zwischen den lokalen Gaufürsten gab es Macht- und Verteilungskämpfe, welche die Wirtschaft schwächten. Pyramiden wurden nicht mehr gebaut, im Volk herrschten Armut und Hungersnöte, Gräber wurden geplündert und unter den Beamten verbreitete sich Korruption.

Die Herrscher der 7. und 8. Dynastie, deren Namen bis auf Ausnahmen nicht überliefert sind, waren nur wenige Jahre im Amt, hatten aber faktisch keine Kontrolle mehr über das Land, das in viele kleine Einflusssphären zersplittert war.

Aus dieser Zeit sind einige bedeutende literarische Zeugnisse überliefert, die über den Zustand des Landes und das schwierige Leben seiner Bewohner berichten, so die „Lehre des Weisen Ipuwer" und die „Klagen des Bauern". In dem berühmten „Gespräch eines Lebensmüden mit seiner Seele" gab ein Ägypter, offenbar ein Angehöriger des Volkes, seiner Verzweiflung beredten Ausdruck, indem er versucht, seine Seele von den Vorteilen des Selbstmords zu überzeugen.

Während der folgenden Jahre gelang es allmählich von zwei Zentren aus, wieder größere Teile des Landes unter Kontrolle zu bekommen. In der Stadt Hutnennisut, die unter ihrem griechischen Namen Herakleopolis überliefert ist, etablierten sich ab 2134 v. Chr. die Herakleopoliten, die zur 9. und 10. Dynastie gezählt werden. Eine bemerkenswerte Entwicklung dieser Zeit war die (vielleicht in Reaktion auf die Umstände erfolgte) „Demokratisierung" des Totengottes Osiris. Dieser wurde nun nicht mehr nur dem Pharao zugehörig gewertet, sondern allen Ägyptern, er stand somit fortan im Zentrum des Volksglaubens.

Parallel zur Machtkonzentration im Fayum begann allmählich der Aufstieg Thebens im südlichen Oberägypten. Die Fürsten von Theben sicherten sich mehr und mehr die Kontrolle über Oberägypten und stießen schließlich bei Abydos mit den Führern aus dem Norden zusammen. Beide Seiten verwickelten sich in jahrzehntelange Kämpfe, in denen zunehmend Söldner aus den angrenzenden Ländern (aus Lybien, Nubien und Vorderasien) eingesetzt wurden, was zu einer stärkeren Durchmischung der ägyptischen Bevölkerung führte.

Aus den Kämpfen ging schließlich Mentuhotep II. von Theben, der Begründer der 11. Dynastie, siegreich hervor. Diese Dynastie (ca. 2137 bis 1994 v. Chr.), die sich nach dem Kriegsgott Mentu benannte, bereitete durch die erneute Reichseinigung den Boden für die großartige Entfaltung des Mittleren Reiches.

Nubisches Söldnerheer

DAS MITTLERE REICH

Mit dem Aufstieg der 12. Dynastie unter Amenemhet I. wurde die Reichseinheit der „beiden Länder" endgültig vollzogen und gesichert. Die lokalen Gaufürsten wurden entmachtet und die Verwaltung wurde wiederaufgebaut. Zusätzlich dazu wurde die militärische Expansion und Sicherung verstärkt.

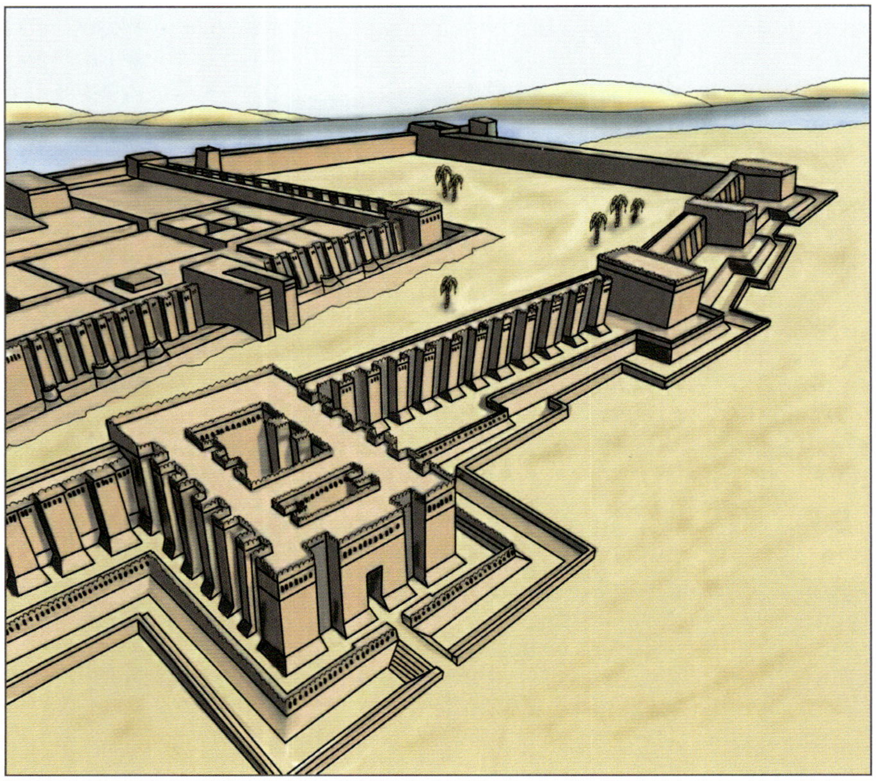

Die Festungsanlage Buhen in Nubien, heute überschwemmt vom Nasser-See

Amenemhet I. war wahrscheinlich der Wesir Mentuhoteps III. Nach dessen Tode riss er 1976 v. Chr. die Macht an sich und begründete die 12. Dynastie, die sich über 200 Jahre lang, das gesamte Mittlere Reich hindurch, an der Macht behaupten konnte und das Land zu einer nie da gewesenen Größe führte.

Amenemhet organisierte zunächst eine riesige Expedition ins Wadi Hammamat, um neue Steinbrüche für seine Bauvorhaben zu erschließen. Später fand man hier Gold und es wurden Minen zu dessen Abbau angelegt. Dann drang er mit seinen Truppen weiter nach Süden vor, um Nubien zu unterwerfen. Zur Sicherung der Herrschaft wurden teilweise gewaltige Befestigungsanlagen errichtet (u.a. Buhen), die sich nach und nach immer weiter nach Nubien vorschoben. Am Ende des Mittleren Reiches reichte die ägyptische Herrschaft bis zum zweiten Nilkatarakt.

Weiterhin verstärkte sich, angetrieben durch die Goldreserven aus Nubien, der Handel mit „Asien", d.h. vor allem mit Syrien und Palästina. Das System der Handelsstraßen wurde ausgebaut, und immer mehr Güter und Produkte gelangen nach Ägypten. Durch den kulturellen Austausch übernahmen die Ägypter dieser Zeit ausländische kulturelle Errungenschaften, wie z.B. die Verarbeitung von Bronze von den Asiaten.

In den Städten entstand eine Art Bürgertum, was zur Entfaltung von Literatur, Malerei und Kunsthandwerk führt. Durch Perfektionierung der Schreibkunst wurden klassische Werke wie „Die Geschichte von Sinuhe" und „Die Lehre des Cheti" geschaffen. Die Grabmalereien wurden immer detailreicher und farbenfroher, und man produzierte eine Vielzahl von Schmuck, Tierminiaturen und aufwändig verzierten Alltagsgegenständen. In der Porträtkunst setzten sich realistischere Züge durch. Hatte man noch im Alten Reich die Herrscher hauptsächlich in jugendlich-idealisierter Gestalt abgebildet, traten nun Statuen und Bildnisse mit deutlich reiferen Zügen an deren Stelle.

Die Bautätigkeit der Herrschenden verlagerte sich allmählich von Theben wieder in Richtung Norden, wo unter anderem die Sümpfe des Fayum erschlossen werden. Mit der Verlagerung der politischen Aktivitäten in den Norden wollte man an die Tradition des Alten Reiches anknüpfen, was sich auch darin zeigt, dass man wieder begann, Pyramiden zu bauen, die aber wegen veränderter Bautechnik kleiner und weniger gut erhalten sind als die des Alten Reiches. Insgesamt baute man wieder mehr mit Lehmziegeln als mit Stein, so dass bauliche Zeugnisse aus dem Mittleren Reich nur spärlich vorhanden sind. Daneben wurden jedoch erstmals Felsengräber geschaffen, direkt aus dem Fels gehauene Anlagen mit einem zentralen Grabraum, in denen sich hohe Beamte bestatten ließen.

Die außerordentliche Stabilität und Kontinuität der 12. Dynastie hatte ihren Grund auch darin, dass man offenbar dazu übergegangen war, eine doppelte Regentschaft aus dem Pharao und dessen Sohn zu bilden. Dabei war der Jüngere hauptsächlich für die auswärtigen militärischen Unternehmungen zuständig, was anscheinend zum langen Alter der Herrscher beitrug. Die ersten sechs Könige der 12. Dynastie, Amenemhet I. bis III. und Sesostris I. bis III., herrschten jeweils mindestens 20, manche 30 und mehr Jahre über Ägypten.

Seinen Höhepunkt erreichte das Mittlere Reich unter Sesostris III., der von 1837 bis 1818 v. Chr. (oder sogar bis 1798 v.Chr.) regierte. Er führte

Die Festung Buhen

Buhen war die größte der Festungsanlagen, die während des Mittleren Reiches zur Sicherung der Herrschaft in Nubien errichtet wurden. Wahrscheinlich unter Sesostris I. erbaut, sind die Ruinen heute auf dem Grund des Nasser-Stausees. Ein bedeutender Teil der Anlage wurde jedoch gerettet und befindet sich heute im Nationalmuseum des Sudan.

drei Feldzüge in Syrien und sicherte die Grenze nach Vorderasien. Von ihm sind viele Standbilder und Statuen erhalten.

Unter Amenemhet III. (ca. 1853 bis 1806 v.Chr.) wird das berühmteste Bauwerk des Mittleren Reiches errichtet, das „Labyrinth" von Hawara. So wurde der Totentempel vor der Pyramide dieses Herrschers genannt, dessen Einzigartigkeit und Großartigkeit von verschiedenen antiken Autoren übereinstimmend herausgestellt wurde. Er bestand offenbar aus unzähligen verwinkelten Räumen, die sich über mehrere Etagen erstreckten. Dass heute von der Anlage nicht mehr viel übrig ist, liegt daran, dass sie seit römischer Zeit als Steinbruch benutzt wurde. Obwohl es nach den vorhandenen Überresten kaum möglich scheint, versucht man weiterhin, das ursprüngliche Aussehen zu rekonstruieren.

Sein Nachfolger Amenemhet IV. regierte nur noch wenige Jahre und blieb anscheinend ohne männlichen Nachfolger. Danach herrschte vier Jahre lang die Königin Neferusobek, die aber ihre Macht nicht behaupten konnte. Damit endete die 12. Dynastie und mit ihr die Blütezeit des Mittleren Reiches, und es begann eine Zeit lang anhaltender Thronstreitigkeiten und innerer Wirren.

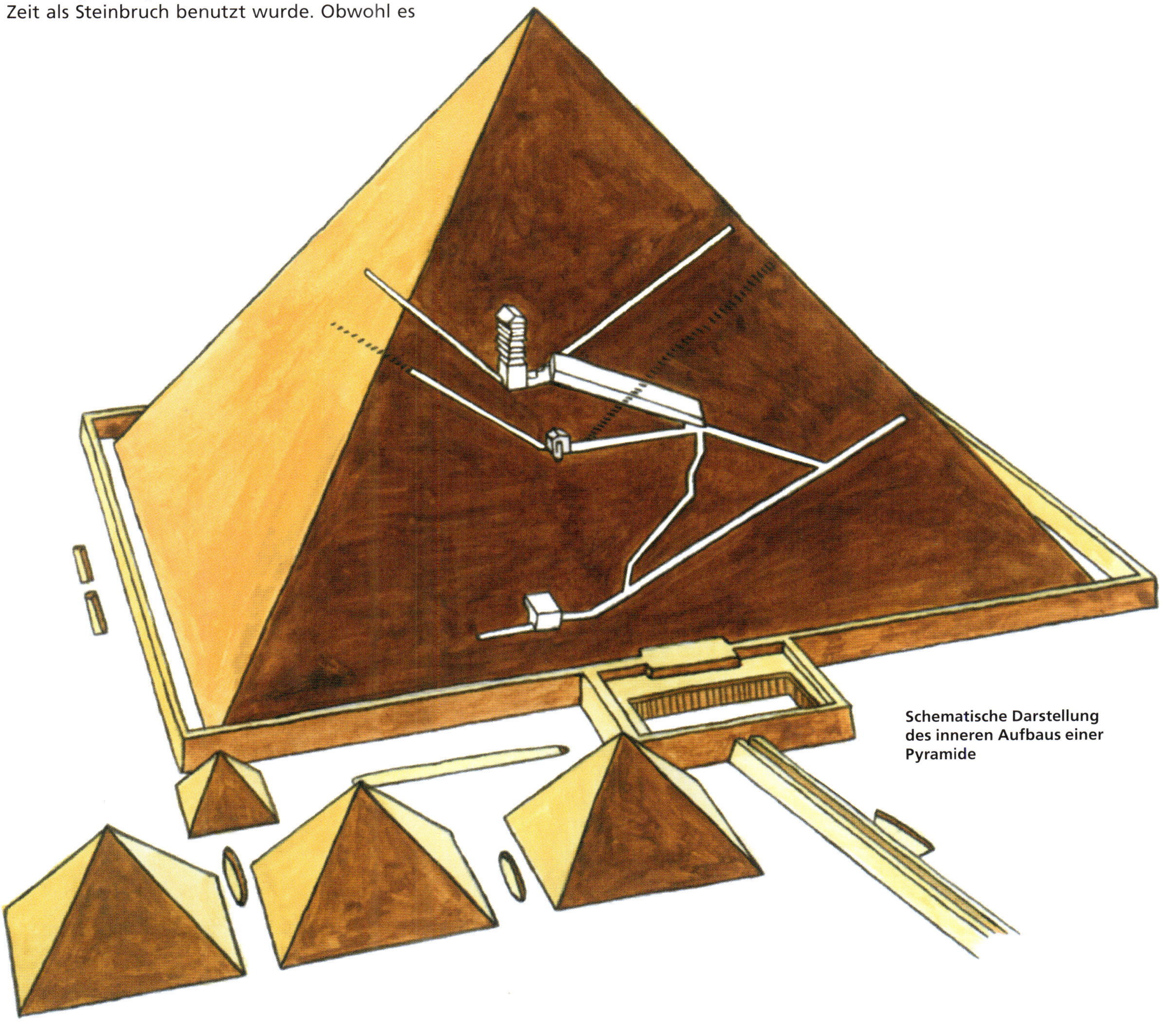

Schematische Darstellung des inneren Aufbaus einer Pyramide

ZWEITE ZWISCHENZEIT

Die zweihundert Jahre von ca. 1770 bis 1570 v. Chr. zerfallen in zwei getrennte Perioden: Zunächst ging die politische Stabilität verloren, die Könige wechselten in rascher Folge, ohne dass es einem von ihnen gelang, seine Macht zu festigen. Schließlich übernahmen gar asiatische Einwanderer, die Hyksos, die Macht und regierten über Ägypten.

Während der 13. Dynastie und 14. Dynastie, die nur der Konvention halber so bezeichnet werden, wechselten die Könige in schneller Folge ab, der Überlieferung nach sollen es über 100 in kaum mehr als 100 Jahren gewesen sein. Der einzige Pharao, der sich etwas länger halten konnte, war Neferhotep I., von dem einige Denkmäler aus Theben und Abydos überliefert sind. Kurz darauf übernahmen jedoch offenbar Fürsten aus dem Delta die Macht, auch hier wechselten die Herrscher in schneller Folge ab. Wie und warum dies geschah, ob durch Intrigen und Morde darüber ist wenig bekannt.

Trotzdem scheint in dieser Zeit die Zersplitterung des Landes und die Schwächung der Verwaltungsstrukturen nicht so verheerend gewesen zu sein wie am Ende des Alten Reiches. Das Amt des Wesirs, des obersten Verwaltungsbeamten, konnte relative Kontinuität behaupten. Der Verlust von Macht und Einfluss führte jedoch dazu, dass die Grenzen immer durchlässiger wurden und vor allem aus Asien viele Einwanderer nach Ägypten kamen.

Um 1650 v. Chr. übernahmen die so genannten Hyksos („Herrscher fremder Länder") die Macht in Ägypten. Sie regierten von Auaris aus, einer Stadt im östlichen Nildelta, die man bisher noch nicht gefunden hat. Über Hyksos ist wenig mehr bekannt, als dass sie aus Asien kamen. Von wo genau sie stammten und welcher Völkergruppe sie angehörten, ist nicht eindeutig geklärt. Ebenso streitet man darüber, ob sie die Macht in Ägypten durch allmähliche Einwanderung übernahmen oder durch einen siegreichen Feldzug. Eine Kombination aus beiden Vorgängen ist wohl am wahrscheinlichsten.

Die Könige der Hyksos bildeten die 15. und 16. Dynastie. Nach der Eroberung von Memphis herrschten sie vom Ostdelta aus über Unterägypten, Oberägypten zerfiel in kleine Fürstentümer. Dabei übernahmen sie weitestgehend die Verwaltung wie die ägyptischen Götter und Sitten. Die einzige echte Neuerung war die Einführung des von Pferden gezogenen Streitwagens, auf dem ihre militärische Macht beruhte.

Ab etwa 1575 v. Chr. begannen die Ägypter von Theben aus, sich gegen die Fremdherrschaft zu erheben (Beginn der 17. Dynastie). Unter Kamose gelang die Rückeroberung der Gebiete im Süden (Kusch), die während der Fremdherrschaft verloren gegangen waren. Danach nahm er den Kampf mit Apophis, dem Hyksoskönig auf, es gelang ihm jedoch nicht, die Festung Auaris einzunehmen. Dies sollte seinem jüngeren Bruder Ahmose vorbehalten bleiben, der damit zum Begründer des Neuen Reiches wurde.

DAS NEUE REICH

Während der folgenden etwa 500 Jahre (ca. 1570 bis 1075 v. Chr.) stieg Ägypten, vor allem durch seine neue militärische Stärke, zur Weltmacht auf. Unter den Pharaonen des Neuen Reiches (18. bis 20. Dynastie) entfaltete sich eine ungeheure Bautätigkeit, insbesondere entstanden mehrere monumentale Tempelanlagen.

Die Fremdherrschaft der Hyksos, die unter Ahmose nach schweren Kämpfen endgültig aus Ägypten vertrieben wurden, hatte offenbar dazu geführt, dass einer schlagkräftigen Armee oberste Priorität zugesprochen wurde. Das Heer bestand jetzt nicht mehr hauptsächlich aus zum Kriegsdienst ver-

Tempel der Hatschepsut

pflichteten Bauern, sondern aus Berufssoldaten, die sich ihren Sold im Kampf verdienten.

Pharao Ahmose hatte die Hyksos bis nach Palästina verfolgt und aus ihrem Machtbereich verdrängt. Unter seinem Nachfolger Thutmosis I. wurden weite Teile Vorderasiens erobert, die Grenze Ägyptens schob sich bis zum Euphrat vor, wo Grenzsteine mit dem Namen des Herrschers gefunden wurden. Thutmosis I. etablierte außerdem eine neue Begräbnisstätte, das so genannte „Tal der Könige", in dem sich sämtliche Herrscher des Neuen Reiches bestatten ließen.

Auch im religiösen Bereich gab es nachhaltige Veränderungen. Schon seit dem Mittleren Reich gewann der Kult des Amun, des Gottes des Windes, an Bedeutung. Mit dem Aufstieg der Stadt Theben im Kampf gegen die Hyksos wurde er so wichtig, dass man ihn mit dem Sonnengott Re zu Amun-Re, dem mächtigsten Gott Ägyptens, verschmolz.

Der erste Ausdruck der neuen Verehrung war der Totentempel der Königin Hatschepsut, der ersten und einzigen Frau, die über längere Zeit die Geschicke des Reiches lenkte. Dieser aus dem Felsen gehauene Tempel steht in Deir-el-Bahari nördlich von Theben am östlichen Nilufer. Zu seiner Bestückung organisierte Hatschepsut mehrfach Expeditionen nach Punt, um von dort Myrrhe und Weihrauch für Räuchergaben zu beschaffen.

Nach Hatschepsut übernahm Thutmosis III., möglicherweise gewaltsam, die Herrschaft. Er setzte wieder verstärkt auf militärische Eroberung, sowohl im Norden als auch im Süden. Nach der gewonnenen Schlacht bei Meggido in der Levante, wo die Ägypter erstmals im großen Maße die pferdebespannten Streitwagen einsetzten, erreichte das Ägyptische Reich seine größte Ausdehnung: vom Euphrat im Nordwesten bis zum vierten Katarakt im südlichen Nubien.

Nördlich des Euphrat stießen die Ägypter auf das Reich Mitanni, mit dem nach anfänglichen Auseinandersetzungen Friedensverträge schloss, die auf Mischheiraten zwischen beiden beruhten. Dieses Verfahren etablierte sich noch stärker unter Amenophis III., der diplomatische Beziehungen zu vielen benachbarten Reichen unterhielt, die durch erhaltene Briefauszüge dokumentiert sind.

Die unterworfenen Länder wurden in Provinzen eingeteilt und mit einem ägyptischen Beamtenstab versehen. Sie mussten Abgaben nach Vorkommen der Region leisten, aus dem Osten vor allem wertvolles Holz und Pferde, aus dem Süden Gold und Silber.

Das Reich von Mitanni

Dieses alte Reich bestand von 1450 bis 1350 v. Chr., die Hauptstadt war Wassuganni (heute Grenze zwischen Südosttürkei und Syrien). Nach kurzer Blütezeit erlag es dem Ansturm der umliegenden Völker (Hethiter und Assyrer).

ECHNATON & NOFRETETE

Die zwanzigjährige Herrschaftszeit des Königs Amenophis IV. (seine Herrschaftszeit wird unterschiedlich datiert, z.B. 1353 bis 1336 v. Chr.) ist ein Unikum in der ägyptischen Geschichte: Der Pharao nimmt eigenmächtige Veränderungen in der Religionsausübung vor, die weitere kulturelle Umwälzungen nach sich ziehen.

Schon nach wenigen Jahren änderte der König seinen Namen in Echnaton, was soviel bedeutet wie „dem Aton wohlgefällig". Aton, dargestellt durch eine Sonnenscheibe, löste den höchsten Gott Amun ab (der Beiname Re blieb erhalten). Das Besondere an dieser Reform war offenbar die Ausschließlichkeit, mit der der neue Gott verehrt wurde. Man spricht deshalb auch vom „Sonnenmonotheismus", der den traditionellen Polytheismus, den Glauben an die vielen Natur- und Tiergötter Ägyptens, verdrängen sollte. Ech-

Die Büste Nofretetes

naton ging schließlich sogar so weit, im ganzen Land Tempel schließen zu lassen und durch extra angeworbene Arbeiter den Namen des Gottes Amun tilgen zu lassen.

Im bisher bedeutungslosen Mittelägypten, zwischen Memphis und Theben, erbaute sich der „Rebell" die neue Hauptstadt Achetaton („Lichtort des Aton"). Echnaton hatte sich von der Außenpolitik abgewandt, so dass der Einfluss der Ägypter in den umkämpften Gebieten (Vorderasien) zurückging. Der Pharao wirkte stattdessen vor allem im künstlerischen Bereich stilbildend. In der Malerei entstand ein neuer Stil, benannt nach dem heutigen Namen des Ortes, an dem die Hauptstadt lag: der Amarna-Stil. Berühmt wurde auch ein Gedicht des Pharaos an seinen Gott Aton, der „Sonnengesang".

Echnaton ist auf bildlichen Darstellungen im Gegensatz zu früheren Herrschern sehr oft mit seiner Familie abgebildet, besonders mit seiner Frau Nofretete, zu der er ein besonders inniges Verhältnis hatte. Bekannt wurde sie vor allem durch die 1912 gefundene Büste, die sie als Frau von außerordentlich perfekter Schönheit darstellt. Sie wurde von einem Bildhauer namens Thutmosis geschaffen, der offenbar die Stadt Achetaton, wo sich seine Werkstatt befand, überstürzt verlassen musste.

Schon während der Lebzeiten Echnatons hatte sich jedoch Widerstand gegen die von ihm eingeführten Veränderungen geregt. Dieser ging wahrscheinlich von den Priestern des Amun in Theben aus, deren Autorität durch die Unzufriedenheit des Volkes gestärkt wurde. Über das Ende von Echnaton und Nofretete weiß man nichts Genaues. Wahrscheinlich hat sich jedoch die Armee unter General Haremhab gegen ihn gestellt, unter dessen Regentschaft die Veränderungen wieder rückgängig gemacht wurden. Trotz der Verfemung der Amarna-Zeit und der Tilgung von Zeugnissen blieb einiges erhalten, vor allem der Kunststil.

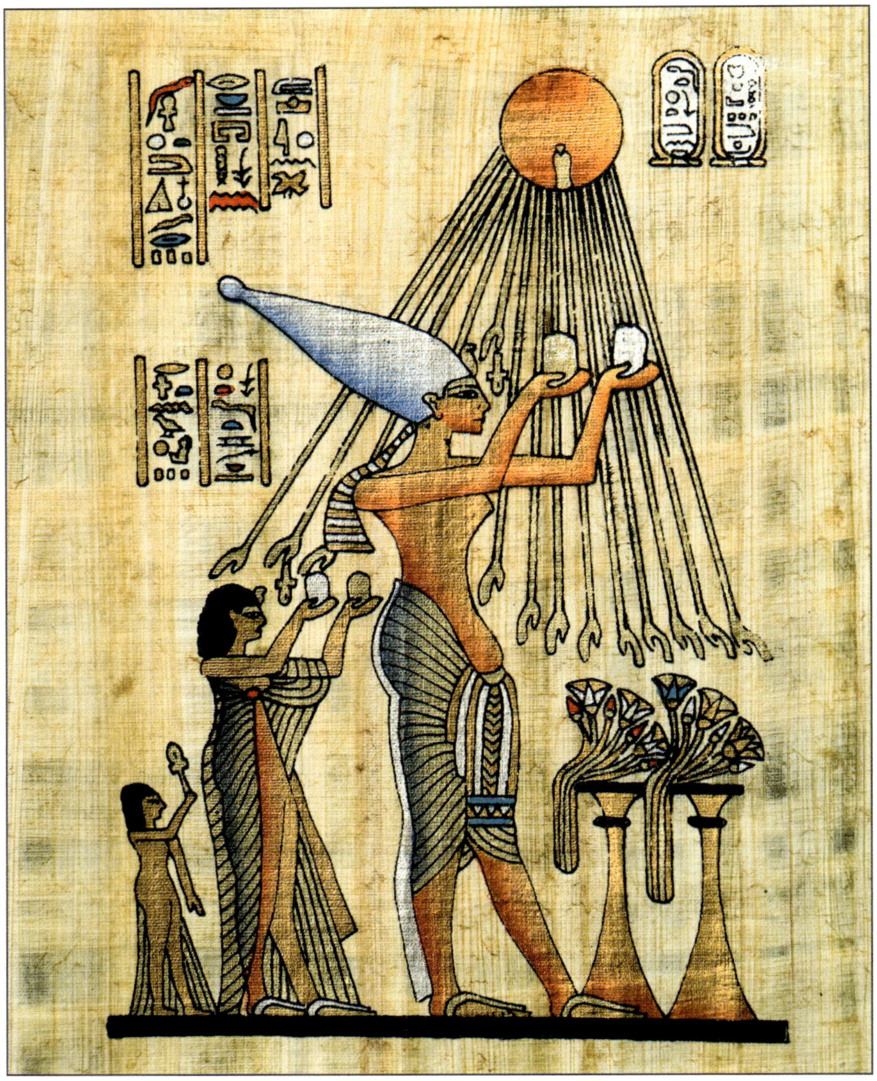

Echnaton und Nofretete mit ihren Kindern, bestrahlt von der Sonnenscheibe Aton

Auszug aus dem „Sonnengesang" Echnatons

„Du lebender Aton, der zuerst lebte! Wenn du dich erhebst am östlichen Rande des Himmels, so erfüllst du jedes Land mit deiner Schönheit. Denn du bist schön, groß und funkelnd, Du bist hoch über der Erde: Deine Strahlen umarmen die Länder, ja alles, was du gemacht hast. Du bist Re, und du hast sie alle gefangengenommen; du fesselst sie durch deine Liebe. Obwohl du fern bist, sind deine Strahlen doch auf Erden; obwohl du hoch droben bist, sind deine Fußstapfen der Tag!"

DIE RAMESSIDEN

Nach einer kurzen Übergangszeit, in die auch die Regierung des berühmten Tutanchamun, Sohn des Echnaton, fällt, gelangt mit Sethos I. eine neue, die 19. Dynastie auf den Thron, deren Könige oft den Namen Ramses tragen. Unter den Ramessiden erlebt Ägypten eine neuerliche Glanzzeit mit allgemeinem Wohlstand und prunkvollen Tempelbauten.

Der Sohn des Generals Haremhab bestieg den Thron um etwa 1290 v. Chr. und nannte sich Ramessu (geboren von Re), woraus in der griechischen Überlieferung Ramses I. wurde. Nach nur wenigen Jahren übergab er die Herrschaft an seinen Sohn Sethos I., der es mit der neuen Bedrohung im Norden zu tun bekam: den Hethitern. Diese operierten von ihrer Hauptstadt Hattusa in der heutigen Zentraltürkei aus und drangen immer weiter nach Süden in die ägyptischen Gebiete.

Nachdem Sethos die vorübergehende Schwäche der Hethiter, ausgelöst durch eine Pestepidemie, zur Rückeroberung Syriens genutzt hatte, kam es unter Ramses II. zur Schlacht bei Kadesch (1274 v. Chr.), die unentschieden ausging, und in deren Folge ein Friedensvertrag zwischen Hethitern und Ägyptern geschlossen wurde.

Ramses II. gilt als einer der größten Pharaonen Ägyptens. Seine neue Residenz ließ er in Ramsesstadt im östlichen Delta anlegen, dessen Lokalgott Seth zu größerer Bedeutung gelangte. Ramses regierte insgesamt 66 Jahre lang, von 1279 bis 1213 v. Chr., über Ägypten. Während seiner Herrschaft erbaute er außer der neuen Hauptstadt einen Totentempel westlich von Theben (das so genannte Ramesseum) und die Felsentempel in Abu Simbel mit den riesigen Statuen. Außerdem erweiterte er im ganzen Land die Städte und Tempelanlagen, besonders den Amun-Tempel in Karnak und den Tempel in Luxor, der von Amenophis III. errichtet worden war.

Die Nachfolger Ramses II., Merenptah und Ramses III. (20. Dynastie), sahen sich verstärkt den Versuchen anderer Völker ausgesetzt, die in Ägypten eindringen wollten. Aus dem Westen versuchten Libyer, in Ägypten Fuß zu fassen, was ihnen nach mehreren Rückschlägen auch gelang. Von Norden drangen, auf Schiffen kommend, die so genannten „Seevölker" in das Delta ein, um dort zu siedeln. Der Ursprung und die Zugehörigkeit dieser Völker sind nicht geklärt, doch verfügten sie offenbar über überlegene Schiffe und Waffen. Damit gelang es ihnen sogar, das Hethiterreich, das seit dem Friedensschluss mit Ägypten verbündet war, zu zerstören.

Ramses III. (1221 bis 1156 v. Chr.) gelang letztmalig die Zurückschlagung der Libyer und Seevölker, die zahllosen Gefangenen wurden der Sitte nach in Unterägypten in „Kolonien" angesiedelt. Er errichtete seinen Totentempel östlich von Theben in Medinet Habu. Dessen Außenmauern sind reichlich verziert mit den Darstellungen der Kämpfe gegen Libyer und Seevölker.

Parallel zur Bedrohung von außen nahmen auch im Innern die Spannungen zu. Es gibt Berichte offensichtlicher Korruption der Beamten und von Streiks unter den Arbeitern, die die schlechte Versorgungslage beklagen. Hervorgerufen wurden diese Entwicklungen wahrscheinlich durch die Amun-Priester von Theben, die immer mehr Ländereien in ihren Besitz bringen konnten und so dem Staat Ressourcen entzogen.

In der Königsfolge von Ramses IV. bis Ramses XI. erlebte das Neue Reich seinen Niedergang. Die Macht des Pharaos schwand mehr und mehr, Grabplünderungen stellten ein ernstzunehmendes Problem dar. Zuletzt herrschten bürgerkriegsartige Zustände.

Amun-Tempel in Karnak

DRITTE ZWISCHENZEIT

Schon während der Herrschaft der letzten Ramessiden waren mehr und mehr Gebiete verloren gegangen, so dass Ägypten während der dritten Zwischenzeit (ca. 1070 bis 714 v. Chr.) wieder auf sein Kerngebiet Ober- und Unterägypten beschränkt war. Auch Nubien und dessen wertvolle Ressourcen gingen verloren.

Die Herrschaft über das verbliebene Gebiet war nun praktisch zweigeteilt: Im Süden regierten von Theben aus die Priester des Amun, im Norden herrschte der Begründer der 21. Dynastie namens Smendes. Allem Anschein nach hat er im östlichen Delta nahe dem Areal der Ramsesstadt eine neue Residenz erbaut, die Stadt Tanis. Unter seinen Nachfolgern Psusennis und Siamun stabilisierte sich das Land, die Handelsbeziehungen nach Vorderasien wurden wieder aufgenommen und teilweise durch Feldzüge abgesichert.

Die 21. Dynastie verlor ihre Macht nach etwa 100 Jahren an aus Libyen stammende Fürsten. Seit dem Ende des Neuen Reiches waren mehr und mehr Libyer nach Ägypten eingedrungen und hatten sich dort festgesetzt. Der erste Pharao der 22. Dynastie, der Libyerfürst Scheschonk, kam wohl ohne größere Kämpfe an die Macht. In der Bibel wird er unter dem Namen Sisak erwähnt, was daran liegt, dass er Feldzüge nach Palästina unternahm und dabei das jüdische Königreich vieler seiner Schätze und Güter beraubte.

Obwohl Scheschonks Nachfolger sich bemühten, ihre Herrschaft durch familieninterne Ämterbesetzungen zu festigen, zerfiel das Land mehr und mehr in kleinere Machtbereiche. Viele lokale Fürsten riefen sich zu Pharaonen aus, das Land teilt sich.

Die auffälligste Veränderung dieser Zeit ereignete sich im religiös-kulturellen Bereich. Die Katzengöttin Bastet wurde als höchstes Wesen verehrt, ihr Kultzentrum in Bubastis südlich von Tanis entwickelte sich zur neuen Hauptstadt Unterägyptens. Die außerordentliche Verehrung der Katzen als heilige Tiere hielt viele Jahrhunderte hindurch an, bezeugt durch unzählige mumifizierte Katzen, Bronzestatuen und Wandmalereien.

Während des allmählichen Niedergangs der libyschen Dynastien entwickelte sich in Nubien ein neues Machtzentrum. Um die Mitte des 8. Jh. v. Chr. begannen die Kuschiten, von ihrer Hauptstadt Napata am vierten Katarakt aus gegen die Libyerherrschaft vorzugehen. Die weitgehend durch ägyptische Traditionen geprägten Nubier verstanden sich als Befreier Ägyptens, die dem Land seine alte Würde zurückgeben wollten. Während der kurzen Regierungszeit der kuschitischen Könige erlebte das Land eine Periode relativer Stabilität, verbunden mit dem Wohlergehen der Bevölkerung. In Kunst und Religion besann man sich zurück auf die alten, als vorbildhaft empfundenen Zeiten.

Statue der Katzengöttin Bastet

DIE SPÄTZEIT

Die Spätzeit Ägyptens war von zunehmenden äußeren Bedrohungen und wechselnden Fremdherrschaften geprägt. Trotz des Eindringens mehrerer fremder Völker konnte sich das Land jedoch seine kulturelle Tradition und Eigenständigkeit bewahren, wie zahlreiche Dokumente und Relikte dieser Zeit zeigen.

Der Herrschaft der Kuschiten war nur von kurzer Dauer, denn schon ab ca. 700 v. Chr. kam es vermehrt zu Zusammenstößen mit den kriegerischen Assyrern. Konnten diese zunächst noch von den Kuschiten zurückgeschlagen werden, eroberte der Assyrerkönig Assahardon schließlich 671 v. Chr. Memphis und einige Jahre später Theben. Die Kuschiten zogen sich nach Napata im Süden zurück. Die Assyrer liessen das Land von ägyptischen Vasallen verwalten. Einem von ihnen, Psammetich I., gelang durch geschicktes Taktieren die allmähliche Loslösung von der assyrischen Herrschaft. Nach seinem Herkunftsort, der Stadt Sais im westlichen Nildelta, werden die Herrscher der von Psammetich begründeten 26. Dynastie die saitischen Pharaonen genannt.

Unter Psammetich und seinen Nachfolgern intensivierte sich die Besinnung auf die Formen, Stile und Schrifttraditionen des Alten Reiches. Dies stellt möglicherweise eine Reaktion auf die Ungesichertheit Ägyptens in dieser Zeit dar, dessen Bevölkerung immer stärker durch andere Volksgruppen (Libyer, Griechen, Perser) unterwandert wurde.

Dies spiegelt sich auch in der Armee wider, die mit Hilfe ausländischer Söldner wieder erstarkte. Unter Psammetichs Nachfolgern wurden Feldzüge nach Nubien und nach Vorderasien durchgeführt, mit dem Bau eines Kanals vom Roten Meer zum Nildelta wurde begonnen, und den Griechen wurde die Errichtung einer Handelsstadt im westliche Nildelta erlaubt (Naukratis).

Der relative Aufschwung dauerte bis ins Jahr 525 v. Chr., als Ägypten von den Persern unter König Kambyses erobert wurde. Er besiegte die mit den Griechen verbündeten Ägypter bei der Stadt Pelusium im östlichen Nildelta, wahrscheinlich begünstigt durch den Verrat eines ägyptischen Offiziers.

Während der nun folgenden Herrschaft der Perser (28. Dynastie) erfolgten immer wieder Aufstände gegen die persischen Besatzer, zumeist mit Unterstützung der Griechen, die ebenfalls im Krieg mit den Persern lagen.

Im Jahre 404 v. Chr. gelang es einem Ägypter mit Namen Amyrtaios, die Perserherrschaft abzuschütteln und das Land zu einen (29. Dynastie). Die folgenden 60 Jahre waren die letzten Jahre der Unabhängigkeit Ägyptens, das nun von der Stadt Mendes im östlichen Delta aus regiert wurde. Der letzte Ägypter auf dem Thron, Nektanebos II. (30. Dynastie), unterlag 343 v. Chr. erneut bei Pelusium den Persern, die das Land verwüsteten und zahlreiche Tempel zerstörten, bevor sie nur ein Jahrzehnt später die Macht kampflos an Alexander den Großen abgeben mussten.

Die Assyrer

Die nach ihrer Hauptstadt Assur am mittleren Tigris benannten Assyrer waren ein kriegerisches Volk, das für seine Plünderungen und Zerstörungen gefürchtet war. Die Blütezeit der Assyrer lag zwischen 1000 und 600 v. Chr., ihre wichtigsten Städte neben Assur waren Nimrud und Ninive, wo die Göttin Ischtar verehrt wurde.

Zwei assyrische Würdenträger aus dem 8. Jahrhundert v. Chr.; Wandmalerei aus dem Palast von Til Barsip

DIE ZEIT DER PTOLEMAIER

Nach der kampflosen Eroberung Ägyptens durch den Makedonenführer Alexander den Großen im Jahre 332. v. Chr. gehörte Ägypten zum Hellenistischen Weltreich, das nach dem Tod seines Gründers Alexander in mehrere Teile zerfällt. Unter Alexanders Statthalter Ptolemaios I. wurde Ägypten 323 v. Chr. selbstständig und erlebt eine Zeit großer kultureller Entfaltung.

Alexander war bei seinem Einzug von den Ägyptern als Befreier von der persischen Schreckensherrschaft gefeiert worden. Nachdem er zur Oase Siwa gezogen war und sich dort des göttlichen Beistands versichert hatte, ließ er sich zum Pharao ausrufen. Im nordwestlichen Nildelta gründete er direkt an der Küste des Mittelmeeres die Stadt Alexandria, die in den folgenden Jahren zu einem der bedeutendsten Zentren der antiken Welt aufstieg. Hier stand die berühmte Bibliothek, das Museion, wo zahlreiche Wissenschaftler der Antike (u.a. Euklid) arbeiteten.

Unter dem Nachfolger Alexanders, Ptolemaios I., der sich nach Machtkämpfen mit seinen Konkurrenten die Herrschaft über Ägypten sichern konnte, setzte sich die Tendenz zur Wiederherstellung und Überbietung einstiger Größe fort. Dies zeigt auch der Beiname von Ptolemaios, Soter (= der Retter). Hellenistische und ägyptische Kultur vermischten sich auf einzigartige Weise und bringen einen neuen Kunst- und Baustil hervor, der sich in vielen Tempeln und Kunstgegenständen niederschlägt.

Unter Ptolemaios I. und seinem Nachfolger Ptolemaios II. wurde der Leuchtturm von Pharos erbaut, neben den Gizeh-Pyramiden das zweite der sieben Weltwunder auf ägyptischem Gebiet und eines der höchsten Gebäude der antiken Welt. Des weiteren entstanden die beeindruckenden Tempelanlagen von Philae (der Göttin Isis geweiht) und Edfu (dem altägyptischen Horus geweiht).

Unter Ptolemaios III. ereichte das hellenisierte Ägypten seine größte Ausdehnung, im Westen reichte der Einfluss bis nach Libyen, Syrien wird bis zum Euphrat zurückerobert, Zypern und einige weitere Mittelmeerinseln gehörten zum Hoheitsgebiet Ägyptens.

Gleichzeitig kam es jedoch zunehmend zu inneren Unruhen. Obwohl die griechischen Herrscher Ägyptens eine äußerst wohlwollende, ägyptenfreundliche Politik betrieben, lagen sämtliche höheren Ämter und Machtpositionen in griechischer Hand. Zudem strömten immer mehr Griechen und Angehöriger anderer Völker nach Ägypten und siedelten sich dort an. Dies führte unter den Nachfolgern Ptolemaios III. häufig zu inneren Unruhen, die eine Schwächung des Staates zur Folge hatten. Hinzu kam die östliche Bedrohung durch Antiochos III., der in der Schlacht von Raphia (217 v. Chr.) zurückgeschlagen werden konnte.

Die letzten 150 Jahre der Ptolemaierherrschaft waren von zunehmenden inneren Kämpfen und äußeren Bedrohungen geprägt. Letztere konnten nur noch mit Hilfe des aufstrebenden Römischen Weltreichs abgewendet werden, dessen Einfluß größer und größer wurde, bis es schließlich ab 50 v. Chr. zum entscheidenden Kampf um Ägypten kam.

Der Horus-Tempel von Edfu

Das Museion

Das Museion war eine Art Universität der Antike, an der über viele Jahrhunderte berühmte Gelehrte auf Staatskosten lehrten und forschten. Hier entstand binnen kürzester Zeit die größte Bibliothek der damaligen Welt mit mehreren hunderttausend Bänden. Im Jahr 47 v. Chr. geriet die Bibliothek bei der Belagerung der Stadt durch Julius Caesar in Brand, sie behielt jedoch ihre überragende Stellung noch für weitere drei Jahrhunderte bei.

KLEOPATRA & DAS ENDE ÄGYPTENS

Die letzte ptolemaische Königin, Kleopatra VII., war zugleich der letzte Pharao. Sie versuchte mit allen Mitteln, Ägyptens Unabhängigkeit zu bewahren. Trotz geschickten strategischen Vorgehens musste sie sich letztlich der römischen Übermacht ergeben und beging daraufhin Selbstmord.

Die zur Legende gewordene Kleopatra soll nach den Worten Plutarchs weniger durch ihre natürliche Schönheit als durch Intelligenz und grazilen Umgang eine besondere Erscheinung gewesen sein. Sie sprach viele Sprachen der damaligen Welt, darunter auch Ägyptisch, womit sie unter den Ptolemaiern eine absolute Ausnahme bildete.

Zunächst setzte sie sich im Kampf um die Führung gegen ihren Bruder Ptolemaios XIII. durch, mit dem sie nach der Tradition des griechischen Herrscherhauses verheiratet war. Diesen Sieg verdankte sie aber fast ausschließlich dem Eingreifen Julius Caesars, der während des römischen Bürgerkriegs im Jahre 48 v. Chr. in Alexandria landete. Während dieser Zeit zeugte er mit Kleopatra einen Sohn, Caesar Ptolemaios, der von den Ägyptern Caesarion („kleiner Caesar") genannt wurde.

Nach der Ermordung Caesars im Jahr 44 v. Chr. gelang es Kleopatra, sich die Gunst des römischen Konsuls Marcus Antonius zu sichern und sich in Ägypten zusammen mit ihrem Sohn zur Königin zu krönen. Mit Marcus Antonius zeugte sie drei weitere Kinder, die über die östlichen Provinzen des Römischen Reiches herrschen sollten.

Unterdessen spitzte sich jedoch der Machtkampf zwischen Octavian, den Caesar testamentarisch zum Nachfolger bestimmt hatte, und Marcus Antonius immer mehr zu. Als der Konflikt schließlich in einen offenen Krieg ausbrach, stellten Kleopatra und Antonius eine griechisch-ägyptische Flotte auf. In der Seeschlacht bei Actium (31 v. Chr.) unterlag diese den Schiffen des Octavian. Antonius und Kleopatra zogen sich nach Alexandria zurück und begingen nacheinander Selbstmord, um nicht dem neuen Kaiser von Rom, Augustus (vormals Octavian), als Kriegsbeute in die Hände zu fallen. Caesarion wurde bei seinem Fluchtversuch von Octavian ermordet.

Ägypten wurde als Provinz dem römischen Weltreich einverleibt und nahm wegen seines Reichtums eine Sonderstellung als persönliches Eigentum des Kaisers ein. Die ägyptische Religion und Kultur erhalten sich in Teilen während der römischen Herrschaft, sie verschwanden erst durch die beginnende Christianisierung. Schließlich wurde Ägypten 642 n. Chr. von den islamischen Arabern erobert.

Kleopatra

Kapitel 4

Staat & Gesellschaft

Die Pyramiden sind nicht nur die berühmtesten Bauwerke des Alten Ägypten, sie sind auch ein Symbol für die ägyptische Gesellschaft und ihre streng hierarchische Gliederung: An der Spitze stand der Pharao, in ihm vereinigen sich Macht und Schicksal der „beiden Länder" Ober- und Unterägypten auf vollkommene Weise. Von diesem Gipfel strahlte die Macht des Gottkönigs aus über die verschiedenen Ämter und Berufsgruppen bis hinunter zur breiten Basis der Bauern, die das Land bestellten und mit ihrer Arbeit die Voraussetzung bildeten für die Entfaltung der kulturellen Pracht Ägyptens.

Die ägyptische Gesellschaft wies bereits viele derjenigen Elemente auf, die auch noch heute die Grundpfeiler einer funktionierenden Ordnung bilden, auch wenn diese heute anders organisiert sind als zur damaligen Zeit: Man kannte beispielsweise Verwaltung, Wirtschaft, Polizei und Gerichte. Jenseits staatlicher Strukturen bildete die Familie die Grundlage des gesellschaftlichen Lebens, viele überlieferte Zeugnisse lassen die Ägypter als ausgesprochen familienorientiertes Volk erscheinen.

DER PHARAO

Der als göttlich angesehene König der Ägypter war der unumschränkte Herrscher über sein Land. Er war oberster Befehlshaber, Richter und religiöser Führer in einer Person, und das blieb er dem Anspruch nach auch dann, wenn er einen Teil seiner Ämter anderen Personen übertrug.

Um die göttliche Abkunft des Pharao zu untermauern, nahm man an, der oberste Gott Re habe der Königsmutter beigewohnt und mit ihr das Königskind gezeugt. Die Geschichte dieser göttlichen Geburt ist auf verschiedenen Reliefs abgebildet, wobei die genaue Entstehung des neuen Pharao einem komplizierten Ablauf folgte, bei dem mehrere Götter beteiligt waren.

Die Thronbesteigung eines neuen Pharao kam jeweils einer Neuschöpfung der Weltordnung gleich, als deren Verkünder und Erhalter der Pharao auftrat. So wie der Nil jedes Jahr die Felder der Ebene überschwemmte und fruchtbar machte, so wiederholte sich mit jedem Pharao die göttliche Weltordnung und ihr ewiges Bestehen.

Zu den Insignien des Königs gehörten zunächst die fünf Königstitel, die ihn als Schützling des Falkengottes Horus und als Sohn des Sonnengottes Re sowie als Herrn der beiden Länder auswiesen. Dazu kamen die rot-weiße Doppelkrone für Ober- und Unterägypten und die Nemes, das königliche Kopftuch mit der so genannten Uräusschlange, eine Königskobra darstellend. Weiterhin trug der Pharao traditionell einen geflochtenen Kinnbart sowie die früheren Hirtenwerkzeuge Krummstab und Geißel, die auf die Bedeutung der Landwirtschaft verwiesen.

Die Darstellung des Pharao war von der Spannung zwischen göttlicher Ewigkeit und menschlicher Vergänglichkeit geprägt. Im Alten Reich wurden die Pharaonen grundsätzlich in idealisierter, gottgleicher Gestalt dargestellt, um ihr überzeitliches Wirken zu betonen. Im Mittleren Reich geht man dazu über, die Vergänglichkeit des menschlichen Herrschers in die Darstellung einfließen zu lassen. Die Pharaonen dieser Zeit sind oft als ältere, von ihrer Regentschaft gezeichnete Persönlichkeiten nachempfunden. Im Neuen Reich entwickelte sich der Stil wieder stärker in Richtung der Verklärung. Die riesigen Kolossalstatuen, die seit der Zeit der Ramessiden die Tempel und Paläste schmückten, dienten allerdings nicht nur der Verehrung des göttlichen Pharaos, sondern waren auch ein Zeichen der gestiegenen Macht und des Reichtums der ägyptischen Herrscher dieser Zeit.

Um die Lebenskraft des alternden Herrschers zu erneuern, veranstaltete man von Zeit zu Zeit Feste, entweder zu Thronjubiläen oder zur Eröffnung von Tempeln und bei anderen besonderen Ereignissen. Dieses so genannte Sedfest hatte oft den Charakter einen großen Prozession, mit der der Pharao seine wieder gewonnene Macht demonstrierte.

Uräusschlange

Die Uräusschlange war die symbolische Darstellung einer Kobra, die sich bedrohlich aufrichtet. Sie war oft dem königlichen Kopftuch auf der Stirnpartie angefügt, findet sich jedoch auch als Relief an Gebäuden. Sie diente allgemein zur Abwehr von Feinden.

DER KÖNIGSPALAST

Die Residenz des Pharao mit ihren verschiedenen Gebäuden und Teilbereichen bildete das Zentrum der ägyptischen Regierung und Verwaltung. Hier lebte der Pharao mit seiner Familie, von hier aus regierte er das Land durch seine Anordnungen, hier empfing er auch Beamte und ausländische Gesandte.

Der Palastkomplex war seit ältester Zeit von einer hohen Mauer umgeben, die von mehreren Toren durchbrochen wurde. Innerhalb dieser Mauern lagen die verschiedenen Gebäude: Wohnbereiche für die königliche Familie, eine Empfangshalle, gesäumt von Statuen und mit dem königlichem Thron ausgestattet. Des Weiteren lagen hier Magazine zur Güteraufbewahrung, Archive mit Papyrusrollen und Werkstätten für die Bildhauer und Künstler.

Es ist anzunehmen, dass die Paläste mit der Zeit immer großzügiger und luxuriöser wurden. Die meisten durch Ausgrabungen gefundenen Gebäudereste stammen aus dem Neuen Reich, allen voran die von Echnaton gegründete Residenz Achetaton in Mittelägypten. Hier finden sich neben der funktionalen Architektur bereits umfangreiche bauliche Ergänzungen. Zur Anlage gehörte offenbar ein großer Garten mit einem künstlichen See, auf dem die Königsfamilie Bootsfahrten unternahm, sowie außerdem ein botanischer Garten und ein ausgedehnter Zoo.

Der Palast war auch der Ort, wo sich der Pharao zu bestimmten Anlässen der „Öffentlichkeit" präsentierte. Hierzu gab es ein spezielles Fenster, an dem der König sich zeigte, und das offenbar mit Darstellungen ägyptischer Herrlichkeit verziert war, z.B. Vertretern abhängiger Fremdvölker.

Im Inneren des Palastes gab es eine Hofschule, an der vornehmlich die Söhne des Königs (der Pharao hatte oft eine große Menge Kinder mit verschiedenen Frauen) unterrichtet wurden, oft zusammen mit den Kindern der Adelsfamilien (hohe Beamte und Gauvorsteher). Innerhalb der Königsfamilie hatte neben dem ältesten Königssohn die Mutter eine herausragende Stellung, denn sie war es ja (der ägyptischen Mythologie zufolge), die dem neuen Pharao mit Hilfe des Gottes Re das Leben geschenkt hatte.

Eine besondere Einrichtung der königlichen Residenz war der Harem. Er war, anders als aus arabischen Ländern bekannt, kein reines Frauengemach, sondern ein unter der Leitung der Hauptgemahlin des Pharaos stehender besonderer Bereich, wo die Kinder erzogen und betreut wurden. Mit der zunehmenden militärischen Expansion Ägyptens wurde der Harem jedoch immer mehr zum Sammelbecken ausländischer Frauen, die entweder als Kriegsbeute hinzukamen oder von Herrschern anderer Länder aus diplomatischen Zwecken geschickt wurden. Von dieser Praxis und der relativen Unabhängigkeit des Harems durch eigene Verwaltung ging eine gewisse Gefahr für den Pharao aus: Es sind mehrere Verschwörungen überliefert, die von Haremsdamen ausgingen.

Ansicht einer altägyptischen Tempelanlage aus der Vogelperspektive; Darstellung des 19. Jhdts.

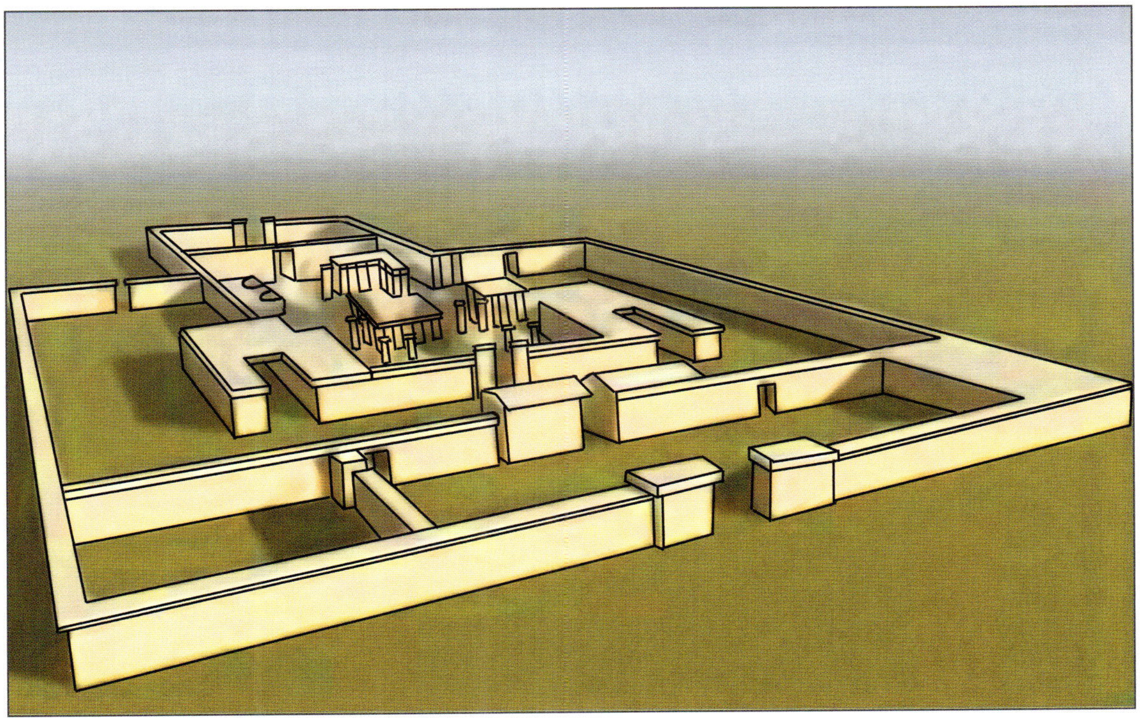

Modell des Königspalastes von Achetaton

DIE VERWALTUNG

Ägyptens kulturelle Größe basierte zu großen Teilen auf einer funktionierenden Verwaltung, die sich während der ersten Dynastien des Alten Reiches herausgebildet hatte. Das Land wurde damals aufgegliedert und Beamte zur Eintreibung von Steuern und Verteilung der Produkte in den Dienst des Pharao gestellt.

Seit dem Alten Reich war Ägypten in verschiedene Landschaftsräume gegliedert, so genannte Gaue (altägyptisch: sepat). Am Anfang gab es 38 Gaue, später wurde auch ein Teil Nubiens in Gaue eingeteilt, deren Zahl damit auf 42 anstieg. Jeder Gau hatte einen Hauptort, in dem der Verwalter residierte, eine besonders verehrte Lokalgottheit (oder mehrere), und einen Eigennamen, der auf eine Besonderheit dieses Landesteils Bezug nahm (z.B. Westgau, Harpunengau, Schenkelgau).

Im Alten Reich wurden die Gauverwalter mit der Zeit immer mächtiger und stiegen durch die Erblichkeit von Amt und Besitz allmählich zu Gaufürsten auf, die die Macht des Pharaos untergruben und damit zum Zusammenbruch der Verwaltung beitrugen. Deshalb wurden sie seit dem Mittleren Reich durch vom Pharao auf Zeit ernannte Beamte ersetzt, um eine Machtkonzentration in ihren Händen zu verhindern.

Als Verbindungsglied zwischen Pharao und Gauverwaltung diente der Wesir, der zweite Mann des Staates, der nicht nur Stellvertreter des Königs war, sondern auch oberster Minister und als solcher zuständig für die Oberaufsicht über alle Verwaltungsbereiche. Dies schloss die Rechtsprechung ebenso ein wie die Aufsicht über Bauprojekte, Handelsexpeditionen und innere Sicherheit. Seit dem Mittleren Reich gab es zwei Wesire, jeweils einen für Unter- und Oberägypten.

Zwei weitere der wichtigsten Institutionen im Alten Ägypten waren das Schatzhaus und die „Scheune". Während im Schatzhaus alle möglichen Waren und Produkte gesammelt wurden, um nach ihrer Registrierung an die Landesteile ausgegeben zu werden, konzentrierte sich die „Scheune" auf die landwirtschaftlichen Produkte, vor allem das Getreide, das in Vorratskammern gelagert wurde. Beide Einrichtungen hatten jeweils zwei Abteilungen für Ober- und Unterägypten und für beide je einen obersten Beamten.

Vor allem im Neuen Reich kamen den Tempeln als eigenständigen Institutionen erhöhte Bedeutung zu. Da sie über eigenen Landbesitz und eigene Verwaltung verfügten, standen sie in zunehmender Spannung zur Reichsverwaltung.

Die Beamtenschicht war, wie die ägyptische Gesellschaft insgesamt, stark durch Hierarchien geprägt. Es gab Ämterlaufbahnen mit Ehrentiteln, die zu Karrieredenken und Ruhmsucht führten, aber auch die Loyalität der Staatsdiener sicherten. Die größte Ehre, die einem Beamten zuteil werden konnte, war die persönliche Auszeichnung durch den Pharao, z.B. in Form von Schmuck oder Orden.

Der Wesir Imhotep

Der berühmteste Wesir der ägyptischen Geschichte ist ohne Zweifel Imhotep (etwa um 2700 v. Chr.), dem in der dritten Dynastie unter König Djoser die Reichsverwaltung oblag. Ihm wird die Idee der Errichtung der Stufenpyramide von Sakkara hauptsächlich zugeschrieben. Doch war Imhotep nicht nur Architekt, sondern auch Arzt und so etwas wie ein früher Universalgelehrter. Die Bewunderung für seine Person wurde schließlich so groß, dass er im Neuen Reich als Gott verehrt wurde.

Amun-Tempel in Luxor, Ägypten

DIE WIRTSCHAFT

Die altägyptische Wirtschaft war, in Entsprechung zu Staat und Gesellschaft, stark zentralisiert. Geld als neutrales Tauschmittel war noch unbekannt, die Waren wurden an zentralen Orten in riesigen Vorratskammern gesammelt, registriert und wieder ausgegeben.

Mit Beginn des Königtums wurden die ägyptischen Bauern, die vormals für sich selbst produziert hatten, zu abhängigen Produzenten, die einen großen Teil ihrer Erträge als Steuern abliefern mussten. Sie bestellten nämlich jetzt Ländereien, die dem König gehörten, so genannte Domänen, die der Pharao mit der Zeit an hohe Beamte, später auch an Soldaten weitergab.

Bauern und Handwerker mussten festgesetzte Mindestleistungen erreichen, und das gesamte System der Besteuerung und Registrierung war schon früh äußerst genau und ausgefeilt, um aus den natürlichen Gegebenheiten den maximalen Ertrag abzuschöpfen. Dies ermöglichte einerseits eine immer feinere Spezialisierung von Bauern- und auch Handwerkerberufen, andererseits (aufgrund des Nahrungsmittelüberschusses) so gewaltige organisatorische Leistungen wie den Bau der Pyramiden und Tempel.

Als Tauschmittel, eine Art frühes Geld, diente Getreide, das entweder in Säcken oder in „Deben", einer ägyptischen Gewichtseinheit, gemessen wurde. Handwerker erhielten als Lohn Getreidesäcke, die sie gegen andere Waren (Fertigwaren) eintauschen konnten.

Diese Märkte waren jedoch stark lokal eingeschränkt und dienten nur der Versorgung mit dem Notwendigsten. Es gab keinen überregionalen Handel, alle Güter wurden von zentralen Stellen gesammelt, gezählt, aufbewahrt und den Anordnungen und Erfordernissen entsprechend wieder zugeteilt. Ging im Alten Reich noch alles vom Palast und dessen Schatzhäusern und Getreidespeichern aus, so vervielfachte sich im Laufe der Zeit die Anzahl der Wirtschaftszentren, die diese Aufgabe übernahmen.

Neben der Landwirtschaft, die für Ägypten immer zentral blieb, ergaben sich weitere Einnahmen durch Handelsexpeditionen und durch militärische Feldzüge, bei denen nicht nur Kriegsbeute gemacht wurde, sondern die unterworfenen Völker zu Zahlungen verpflichtet wurden. Militäroperationen stellten außerdem ein Mittel dar, um einen eventuellen Arbeitskräftemangel zu beheben – bei den architektonischen Großprojekten der Pharaonen wohl keine Seltenheit.

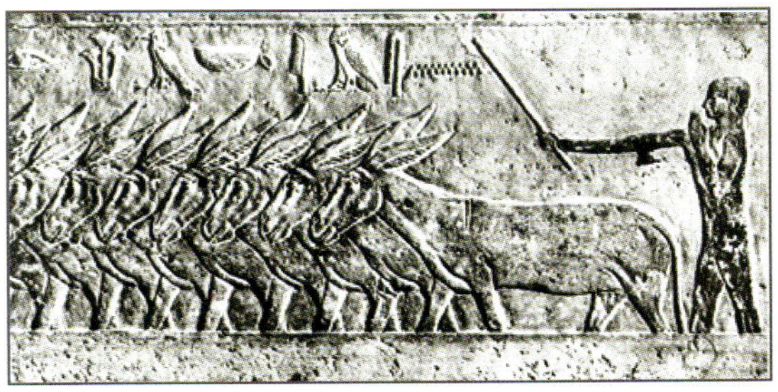

Wandmalerei mit Szenen aus der Landwirtschaft

GESETZGEBUNG, RECHTSPRECHUNG, POLIZEI

Der göttliche Pharao in seiner Funktion als Bewahrer der Weltordnung hatte auch die oberste Gerichtsbarkeit inne. Während er Gesetze und Verordnungen oft persönlich erließ, entwickelte sich zur Überwachung der Einhaltung allmählich ein eigener Staatsapparat.

Die Existenz eines schriftlich festgehaltenen Katalogs von geltenden Gesetzen ist erst für die Spätzeit sicher belegt. Das nach Tradition geltende Recht konnte vom Pharao durch Erlasse und Anweisungen jederzeit angepasst werden, und es gab ein Strafsystem mit Gerichtshöfen und Verurteilungen.

Die Gerichtshoheit lag hauptsächlich in den Händen des Wesirs, der wiederum den Beamten in den Gerichtshöfen und Tempeln (auch dort wurde Recht gesprochen) vorstand. Den Gerichtshöfen kam die Aufgabe zu, die Einhaltung von Verträgen zu überwachen und bei entsprechenden Übertretungen Urteile zu vollstrecken. Bei besonderen Anlässen, etwa Verschwörungen oder Prozessen gegen Grabräuber, wurden Sondergerichte unter Vorsitz des Pharao gebildet, um die Beschuldigten an Ort und Stelle zu richten.

Die Strafen waren aus heutiger Sicht drakonisch. Die höchste Strafe war die Todesstrafe, die bei besonders schweren Vergehen (Attentat auf den König, Grabraub) in Form des Befehls zum

Selbstmord vollstreckt wurde. Dahinter rangierten Verstümmelungen des Körpers, Verbannung, Verlust des Eigentums und Zwangsarbeit. Zur Erpressung von Geständnissen wurde Folter eingesetzt.

Schon seit dem Alten Reich gab es neben der eigentlichen Armee Polizeieinheiten, die über die Einhaltung von Recht und Ordnung zu wachen hatten. Doch nicht nur das, sie sorgten auch für einen reibungslosen Ablauf der Verwaltung, etwa beim Eintreiben der Staatseinnahmen von den Bauern. Mit Stöcken bewaffnet waren sie im ganzen Land präsent, um flüchtige Zwangsarbeiter einzufangen und die Vorschriftsmäßigkeit der Wirtschaftsvorgänge zu kontrollieren.

Die Polizeieinheiten, die sich im Laufe der Zeit zunehmend aus Nubiern rekrutierten (den Medjai), überwachten auch die Grenzen des Landes und eskortierten Handelsexpeditionen, oft in Begleitung von Hunden. An den Landesgrenzen unterstützten sie die Zollbeamten, z.B. bei der Kontrolle der Nilschiffahrt.

Die Medjai

Bei den Medjai handelte es sich wohl ursprünglich um einen besonderen nubischen Volksstamm, dessen Mitglieder sich besondere Verdienste im Militärdienst erwarben. Nach und nach entwickelten sie sich zu einer Art „Spezialeinheit“, die mit besonderen Aufgaben wie z.B. dem persönlichen Schutz des Pharao betraut wurde. Später ging die Bezeichnung Medjai auch auf die Ägypter über, die in dieser Einheit dienten.

ARBEITER, BAUERN, SOLDATEN

Die große Masse der ägyptischen Bevölkerung bestand aus einfachen Arbeitern und Bauern, seit dem Neuen Reich auch verstärkt aus Soldaten, die als Söldner verpflichtet wurden. Ihr Leben war hart und zahlreichen Belastungen und Gefahren ausgesetzt.

Die Bauern bildeten den Grundstock der ägyptischen Gesellschaft, die sich aus lokalen Dorfgemeinschaften heraus entwickelt hat. Sie mussten im Auftrag des Pharao die ihnen überlassenen Ländereien bestellen und einen großen Teil des Ertrages an den Staat abliefern. Zahlreich waren die Klagen von Bauern, die unter Missernten, Räubern und Kriegsverheerungen am meisten zu leiden hatten. Ein wenig privilegiert waren diejenigen Landwirte, die sich auf bestimmte Produkte spezialisieren konnten. So sind schon seit dem Alten Reich Berufe wie Imker, Obstbauer oder Winzer belegt. Weiterhin gab es Viehzüchter, Fischer, Bäcker und Bierbrauer.

Die zweite große Berufsgruppe im Alten Ägypten bildeten die Handwerker. Die Errichtung der zahlreichen Bauwerke erforderte eine Unmenge an qualifizierten Arbeitern. Das Spektrum reichte von einfachen körperlichen Arbeiten bis hin zu den eher künstlerischen Tätigkeiten. Während in den Minen und Steinbrüchen und beim Bau der Pyramiden und großen Tempel neben ungelernten Arbeitern auch Kriegsgefangene als Zwangsarbeiter eingesetzt wurden, waren für die Ausgestaltung der Innenräume bzw. Grabräume Spezialisten erforderlich.

Neben den Architekten und Zeichnern waren es vor allem die Steinmetze und Maler, die einen höheren Status erlangen konnten, wenn ihre Arbeit das Wohlgefallen der leitenden Beamten fand.

Mit der Zeit erreichte die Arbeiterschaft einen immer höheren Differenzierungsgrad, wie aus der ausgegrabenen Arbeitersiedlung von „Deir el-Medine“ aus dem Neuen Reich ersichtlich ist. 50 und mehr Arbeiterfamilien lebten dort mit ihren Familien auf engem Raum in zweistöcki-

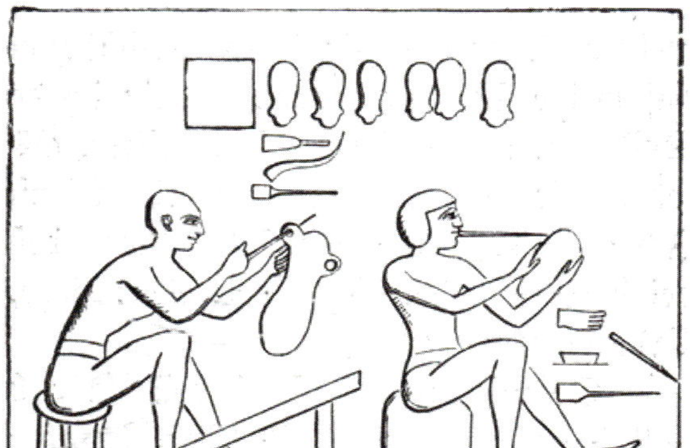

Schuhmacherwerkstatt im alten Ägypten. Darstellung auf einem altägyptischen Relief

Altägyptische Werft: Handwerker beim Schiffsbau; Kalksteinrelief in einem Grab in Sakkara

gen Häusern. In der Nähe errichteten sie den Totentempel Ramses III., Medinet Habu. Zahlreiche gefundene Tonscherben zeugen von Lohnabrechnungen, Bauskizzen, Entwürfen für Zeichnungen und ähnlichem.

Neben die Masse der Arbeiter und Bauern traten vor allem seit dem Neuen Reich die Soldaten, die jetzt als Söldner verpflichtet wurden und oft aus fremden Ländern stammten. Der allergrößte Teil des Heeres bestand aus Fußsoldaten, die standardmäßig mit Speer und Schild bewaffnet waren. Viele wurden zum Dienst zwangsverpflichtet, und nur wenigen gelang es, nicht nur zu überleben, sondern sich besondere Verdienste zu erwerben, die durch Zuteilung von Land und Gütern belohnt wurden.

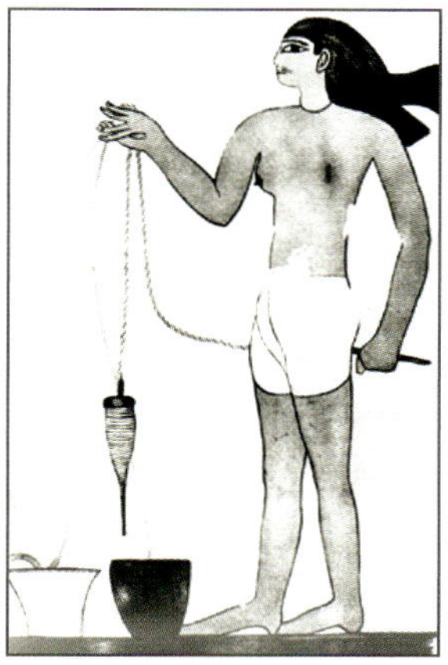

Weberin mit Spinnwirtel aus einem altägyptischen Wandgemälde in einem Grab bei Beni-Hasan

DIE SCHREIBER

Die Beherrschung der Schrift bildet die Grundvoraussetzung für die Organisation und Verwaltung eines Staatswesens. Ohne Schrift gibt es kein Gedächtnis, keine Möglichkeit zur längerfristigen Planung von Projekten und zum regelmäßigen Festhalten wichtiger Ereignisse.

Dem Beruf des Schreibers kam im Alten Ägypten eine wichtige Stellung zu. Als Beamter überwachte er beispielsweise die Feldvermessung, die steuerlichen Abgaben und die Einfuhr von Waren. Er war bei Gerichtsverhandlungen anwesend und notierte die Vergehen und Urteile. Er stand auch im Dienste des Königs und verfasste diplomatische Nachrichten.

Die Schreiber waren ohne Zweifel ein privilegierter Stand im Alten Ägypten. Wegen ihrer Funktion als kulturelles Gedächtnis und wichtiges Bindeglied der Verwaltung wurden sie hochgeschätzt und respektiert. Zudem waren sie von der oft schweren körperlichen Arbeit der anderen Berufsgruppen entlastet, weshalb in manchen Texten der Beruf des Schreibers dem Jüngling besonders ans Herz gelegt wird. Die Schreiber genossen auch den Schutz einer besonderen Gottheit, Thoth, der als Gott der Gelehrsamkeit über die Schreiber wachte (in Gestalt eines Ibis oder Pavians).

Neben den als Beamten tätigen Schreibern, die mit der Erfassung und Aufzeichnung alltäglicher Dinge beschäftigt waren, gab es die Gelehrten und „Schriftsteller", die mit der Pflege des überlieferten Schrifttums betraut waren. Viele von ihnen standen im Dienst der großen Tempel, verfügten dort über eine kleine Bibliothek aus alten Schriften, die sie durch sorgfältiges Abschreiben zu bewahren hatten. Aufgrund der Vergänglichkeit des Materials kam es dabei oft zu Überschreibungen und Neuschöpfungen der meist religiösen Texte, die von den Geschichten und Taten der Götter handeln. Seit dem Mittleren Reich kam es verstärkt zur Schaffung von literarischen Werken im eigentlichen Sinne, je nach Zeit in Form von Hymnen auf das Leben, von Belehrungen in Lebensweisheit oder Klagen über Missstände.

Ein weiteres Betätigungsfeld der Schreiber waren die Grabinschriften, die den Verstorbenen verherrlichen und seinen Namen der Nachwelt überliefern sollten. So durften die Schreiber auf ihre Weise einen Beitrag dazu leisten, das Andenken der ägyptischen Kultur und Lebensweise der Ewigkeit zu überantworten.

Altägyptische Schreiber-Statue aus schwarzem Granit, Fundort Karnak

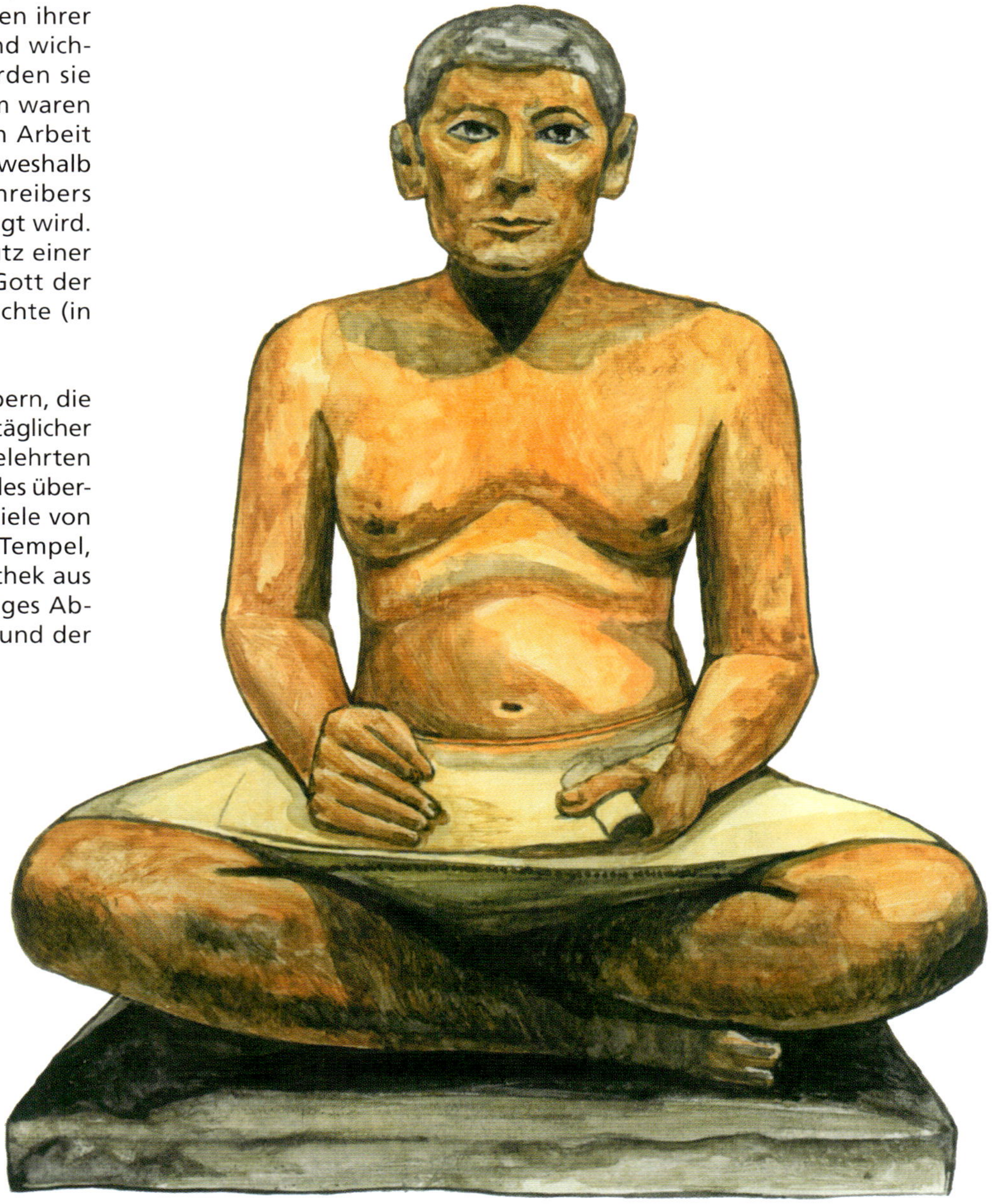

Ägyptischer Schreiber

DIE STELLUNG DER FRAU

Die ägyptische Gesellschaft wurde im Großen und Ganzen von Männern bestimmt und war demzufolge patriarchal organisiert. Trotzdem war der Unterschied zwischen den Geschlechtern nicht so groß, wie man aus der historischen Distanz vielleicht vermuten würde.

Rechtlich war die Frau dem Mann vollkommen gleichgestellt, auch wenn die Praxis oft anders ausgesehen haben mag. So konnte sie selbstständig über Eigentum verfügen, Verträge abschließen und einen Beruf ausüben. Typische Berufe, in denen Frauen tätig waren, waren neben der Landwirtschaft, wo Frauen die weniger anstrengenden Tätigkeiten verrichteten, etwa die Textilherstellung und das Kunsthandwerk.

Eine mitunter sehr hohe Stellung nahmen die Priesterinnen ein, etwa wenn sie als Gemahlinnen des Gottes Amun nicht nur religiöse, sondern auch politische Funktionen auszuüben hatten. In den Tempeln waren Frauen darüber hinaus als Sängerinnen und Tänzerinnen tätig, die bei religiösen Festen und Ritualen ihre Rollen bekleideten.

Frauen in Ägypten nahmen bei Hofe oft einflussreiche Stellungen ein oder regierten selbst, indem sie familiären Einfluss auf ihre Verwandten nahmen. Hier die bemalte Kalksteinfigur der ägyptischen Prinzessin Nofret, Gattin des Königssohnes Rahotep.

Besondere Privilegien genossen die weiblichen Mitglieder der königlichen Familie, die in Einzelfällen (z.B. wenn ein männlicher Thronfolger fehlte) sogar Pharao werden konnten, wie die Königin Hatschepsut der 18. Dynastie im Neuen Reich.

Das Gros der Frauen hatte ihren Lebensmittelpunkt im eigenen Haus, das sie zusammen mit ihrem Ehemann begründet hatte. Dort widmete sich die Frau der Hauswirtschaft, der Erziehung der Kinder sowie dem Brotbacken und Bierbrauen. War ihr Mann Landarbeiter, half sie ihm bei der Bestellung der Felder und beim Einbringen der Ernte (Auflesen der Ähren).

Von höheren Ämtern waren Frauen weitestgehend ausgeschlossen, sie konnten kaum Beamtinnen oder Richterinnen werden, da sie wohl meist nicht lesen und schreiben konnten.

Abgesehen davon genossen die Frauen im Alten Ägypten jedoch ein hohes Ansehen, wie aus literarischen Dokumenten hervorgeht, die die Leistungen der Frauen würdigen, Ratschläge geben für den guten Umgang mit ihnen, und nicht zuletzt die Liebe und innige Verbundenheit von Mann und Frau besingen.

Kapitel 5

Die Religion

Die Religion der alten Ägypter war ihrem Wesen nach polytheistisch, d.h. sie glaubten an eine Vielzahl von Göttern, die in verschiedenen Traditionen und an verschiedenen Orten verehrt wurden.

Besonders die Naturerfahrung war eine Quelle des religiösen Empfindens der Ägypter: Viele ihrer Götter hatten Tiergestalt oder wurden als Mischwesen zwischen Mensch und Tier dargestellt.

Die ägyptische Religion mit ihren Hunderten von Göttern war ein lebendiges Gebilde, das vielfachen Veränderungen unterworfen war und nur begrenzt systematisierbar ist. Es gab keinen Religionsstifter, der mit seinem Auftreten die Religion gegründet hat, und die altägyptische Religion kannte kein Gründungsdatum. Ebenso wenig gab es kanonische Bücher, die mit unbedingter Autorität versehen waren. Eine Gelehrtentradition mit den entsprechenden Texten entwickelte sich erst nach und nach, z.B. in den Auseinandersetzungen der Priester untereinander um die Vorherrschaft ihres Gottes. Trotzdem war die ägyptische Religion als Gesamtgebilde weit weniger fixiert als etwa spätere monotheistische Religionen (Islam, Christentum). Sie ist vielmehr als Produkt eines Prozesses zu verstehen, der ganz verschiedene afrikanische Einflüsse allmählich zu einer eigenständigen Mythologie und Kultpraxis verschmolzen hat.

CHARAKTERISTIK DER ALTÄGYPTISCHEN RELIGION

Die altägyptische Religion war eine gewachsene Kultreligion. Sie wurde nicht gestiftet, sondern hatte sich aus verschiedenen, bereits bestehenden Kultpraxen entwickelt, wobei diese Entwicklung immer lebendig blieb.

Das macht die Bezeichnung „Religion" im herkömmlichen Sinne bereits ein wenig schwierig: In der Realität gab es nicht eine Religion im Sinne einer Institution, die Glaubensinhalte bestimmte, an die man sich zu halten hatte. In der neueren Ägyptologie hat man nachgewiesen, dass diese Religionsform weiterhin dadurch gekennzeichnet war, dass ihr Momente religiöser Erfahrung fremd waren, die für andere Religionen nicht nur typisch, sondern sogar integraler Bestandteil sind: So gibt es keinerlei Hinweise dafür, dass Elemente wie Rausch oder Trance und Ekstase oder Formen von Mystik und Versenkung eine Rolle gespielt haben könnten. Auch das für monotheistische Religionen spezifische Moment der personalen Beziehung eines Einzelnen zum Göttlichen und eine bestimmte Heilserwartung sind in der altägyptischen Tradition nicht von Bedeutung gewesen.

Stattdessen findet man mehrere unterschiedliche Arten der kultisch-religiösen Götterverehrung, die nebeneinander existierten. Das wesentliche Element dieser Religion lag in der Ausübung, weshalb man von gewachsener Kultreligion spricht. Die Tendenz der altägyptischen Religion zur Weiterentwicklung zeigt sich zum Beispiel in der Tatsache, dass Texte wie Gebete und Hymnen, die bei den Kulthandlungen rezitiert wurden, stets neu verfasst wurden. Die heiligen Texte der Ägypter waren nicht darum heilig, weil ihr Stifter sie offenbart hat, sondern weil sie dem heiligen Kult dienten.

Dass es keinen Stifter gab, hat aber auch zur Folge, dass man kein Gründungsdatum bestimmen kann. Man kann aber das Wirken des Kultes anhand von Ausgrabungen und anderen Funden von der Frühzeit der Herausbildung des pharaonischen Staates in der zweiten Hälfte des vierten Jahrtausends vor Christus bis in die Zeit der römischen Herrschaft nachweisen. Dann erst wurden diese verschiedenen Kulte vom missionierenden Christentum verdrängt und schließlich von den römischen Kaisern verboten.

Kultreligion

Im Gegensatz zu einer Buchreligion stehen in einer Kultreligion nicht die heiligen Texte im Vordergrund, sondern der Vollzug der religiösen Handlungen, wie Gebete, Prozessionen, Wallfahrten u.ä. Eine Kultreligion neigt darum weniger zu dogmatischer Fixierung und stellt sich dem uneingeweihten Betrachter oft als Sammelsurium verschiedener Bräuche und Heiligtümer dar. Eine noch heute verbreitete Religion, die starke Züge einer Kultreligion aufweist, ist der Hinduismus.

Beispiele für ägyptische Götter in Tiergestalt

Anubis

Bastet

Horus

Ibis

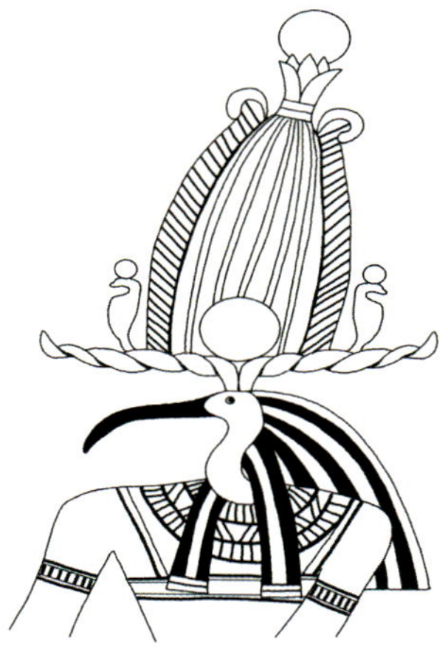

Thoth

DIE KULTE

Unser Wissen von den altägyptischen Kulten ist relativ vage. So wie es keine an sich heiligen Schriften gibt, gibt es keine Aufzeichnungen darüber, was Gegenstand und genauer Ablauf der Kulthandlungen war.

Zeugnisse der Kulthandlungen finden sich nur indirekt, vor allem in aufwändigen bildlichen Darstellungen, etwa auf Tonkrügen und sonstigen Fundstücken der Archäologen.

Sie charakterisieren diese Kulte als Gottesdienst im weitesten Sinne des Wortes: Es wurde in einer bestimmten rituellen Handlung eines Gottes gedacht oder sich an ihn gewandt, sei es um Hilfe zu erbitten, um ihn gütig zu stimmen oder einfach seiner zu gedenken. Obwohl der Staat des Pharaos prinzipiell stark zentralisiert war, bestanden in vielen Landesteilen lokal bedeutsame Kulte. So hatten viele der kleineren Städte ihre eigenen Stadtgötter, die zur Konstruktion regionaler Identität beitrugen, die aber auf staatlicher Ebene keine oder nur sehr geringe Bedeutung hatten.

Grundsätzlich aber galt, dass der Kult kein Tätigsein der Menschen beschrieb, sondern im Kern ein Handeln der Götter miteinander war. Nur ein besonderer Mensch, der König allein, war zum Kult befugt, denn er allein galt als Mittler zwischen Göttern und Menschen. Er war nach ältester ägyptischer Vorstellung die irdische Verkörperung des auf Erden herrschenden Gottes Horus. Der König erhielt daher auch den Beinamen „Horus der Lebenden". Dies ermöglichte ihm den Kontakt mit den Göttern. Wenn er aber im Kult mit den Göttern verkehrte, dann legitimierte er dadurch sein politisches Amt und stabilisierte es zugleich: Er erhielt den „Segen" der Götter und besaß mithin soviel Macht, dass er durch sein Amt garantierte, dass kosmische Ordnung und irdische Gerechtigkeit eingehalten wurden.

In der Praxis nahmen dem Pharao die Priester einen Teil der Arbeit ab: Sie waren speziell für dieses besondere Amt ausgebildet und mit den notwendigen Reinheitsgeboten vertraut. Die Priester wurden mit Opfergaben und Totenkulten zu Ehren der Götter betraut. Dies geschah in den immer monumentaleren Tempeln und Tempelanlagen, die als irdischer Wohnsitz der Götter galten. Merkmal eines jeden Tempels war die Aufstellung eines Bildnisses des Gottes im Inneren des Tempels, das als heiliges Zentrum fungierte. Zu ihm hatte nur die Spitze der Priesterschaft Zutritt, der es erlaubt war, mit dem Göttern in Interaktion zu treten. In diesen staatlichen Kulten wurden vor allem den Hauptgöttern Amun, Isis, Osiris und Re gehuldigt. Doch gab es daneben auch besondere „kleine" Götter, die für die Aufrechterhaltung des Alltagslebens und der persönlichen Gesundheit der Menschen und ihrer Familien zuständig waren.

DER TOTENKULT

Der wohl bekannteste, aber auch mysteriöseste Kult der Ägypter war der Totenkult und der dazu gehörige Bestattungsritus. In seiner aufwändigen Form wurde er jedoch nur dem Pharao und seiner Familie sowie hohen Staatsmännern zuteil.

Die privilegierten Ägypter wurden in einem festgelegten Ritus bestattet und in spezielle, dafür errichtete Grabbauten gelegt, damit ihnen auch nach ihrem Tod gedacht werden konnte. Doch auch dies durften wiederum nur ausgewählte Priester und Staatsbeamte. Die privaten Totenkulte in der Familie wurden hingegen meist vom ältesten Sohn der Familie durchgeführt, ihm oblag die feierliche Huldigung der Verstorbenen. Um diesen Kult zu begreifen, muss man einen Blick hinter die Kulissen werfen und verstehen, warum das Andenken an die Verstorbenen von so enormer Bedeutung war. Hier offenbart sich ein integrales Moment der ägyptischen Vorstellungswelt: Die Ägypter glaubten unnachgiebig an ein Leben nach dem Tod. Um dafür adäquat gerüstet zu sein, wurden dem Verstorbenen verschiedene Beigaben ins Grab gelegt: Das waren zum einen Alltagsgegenstände oder Dinge, die extra für die Bestattung angefertigt wurden, sowie Utensilien, die für das Bestattungsritual selbst von Bedeutung waren.

Daran aber kann man ablesen, dass das Leben nach dem Tod als Verlängerung und Fortsetzung des irdischen Lebens angesehen wurde.

Während der Ersten Zwischenzeit entwickelte sich die Standardgrabausstattung, bei der der

Tote in einem Sarg lag, meist mit einer Mumienmaske bedeckt. Als Beigaben finden sich Holzmodelle von Bediensteten, die sich um die Nahrungsversorgung kümmern. Diese Dienerfiguren wichen später den so genannten Uschebtis, die als kleine Helfer in der Unterwelt galten und sich auch als Beigabe für die ärmere Bevölkerung finden.

Die Tradition der Mumifizierung war im Gegensatz dazu ein Brauch, der den Pharaonen vorbehalten blieb. In einem aufwändigen Ritual wurde der Leichnam balsamiert und in einem speziell entwickelten Verfahren konserviert: Nach einer ersten Waschung wurde das Gehirn durch die Nasenlöcher entnommen, dann der Schädel mit Salböl gefüllt, anschließend die Eingeweide entfernt und der Leichnam noch einmal gewaschen. Erst nach der einer ca. vierzig Tage dauernden Entwässerung der Leiche und der Eingeweide durch Natron wurde die Leiche ein drittes Mal gewaschen und gesalbt. Nachdem man alle Körperhöhlen ausgestopft und manche Körperteile gesondert behandelt hatte, konnte schließlich der Einschnitt verschlossen werden und die Bandagierung beginnen. Zugrunde lag dem ganzen Ritual die Vorstellung, dass der Körper unversehrt bleiben muss, um ein Leben nach dem Tod zu ermöglichen.

Balsamierung eines Pharaos

DIE MYTHOLOGIE

Mythologie bezeichnet einen überlieferten Bestand von Geschichten, die über den Ursprung der Welt und der Götter unterrichten. Sie liefern Erklärungen über die Welt und ihre Beschaffenheit und über die Beziehung der Menschen zu den Göttern.

Die altägyptischen Überlieferungen, so wir sie heute kennen, waren zumeist Verschmelzung von frühesten, mündlich weitergegebenen Erzählungen. Die Geschichten waren somit sehr alt und haben im Laufe dieser Zeit Wandlungen erfahren. Sie sollten Antworten auf existenzielle Fragen liefern: Wie ist die Welt entstanden? Wo kommen Himmel und Erde, Luft, Wasser und Sonne her? Wie entstand der Mensch und was passiert mit ihm nach dem Tod?

Es ist heute schwer zu sagen, wann genau und wo sich die Ägypter an welche Vorstellung hielten, denn es finden sich eine Reihe ganz unterschiedlicher Erzählungen. Die wichtigsten Mythen waren wohl die Geschichten um die Entstehung der Welt, die Kosmogonien: Beinahe jede größere Stadt hatte ihre eigene „Schöpfungsgeschichte". Die populärsten Schöpfungserzählungen stammen aus den Kulturzentren Hermopolis, Heliopolis, Theben und Memphis.

Die Kosmogonie von Heliopolis z.B. war eine der ältesten ägyptischen Vorstellungen zur Entstehung der Welt. Sie generierte die Vorstellung der Neunheit (griech. Enneade): Ähnlich wie im christlichen Schöpfungsbericht war die Erde am Anfang ungeordnet und chaotisch. Es existierte nur Wasser, das so genannte Urwasser, was die Ägypter mit Nun bezeichneten. Aus diesem Nun-Wasser ging ein erster Gott hervor mit Namen Atum, der als erste Tat sich einen Sitz erschuf: einen Hügel, auf dem er fortan regieren sollte. Später brachte Atum aus sich durch Selbstbefruchtung und aus seinem Schatten seine Kinder, die Luft Schu und die Feuchtigkeit Tefnut hervor, ebenso wie Himmel und Erde und eine Vorstellung von Zeit. Die Pflege und Kinderstu-

Kosmogonie

Der Begriff „Kosmogonie" kommt aus dem Griechischen und bedeutet soviel wie „Welterzeugung". Damit sind Mythen, Erzählungen und Legenden gemeint, die von der Entstehung der Welt handeln. Diese wird als Werk höherer Mächte begriffen, deren Leben und Handlungen meist in Analogie zu bestimmten menschlichen Vollzügen beschrieben wird. Ein solcher Schöpfungsmythos ist eine religiöse Form der Erklärung der Entstehung der Welt, der Menschen und der Götter.

be von Schnu und Tefnut übernahm zunächst Nun, die aber stets durch das wache Auge des Atum beobachtet wurde. Aus der Vereinigung der Geschwisterkinder Schnu und Tefnut gingen die Erde Geb und der Himmel Nut hervor, die ihrerseits Isis, Osiris, Nephthys und Seth hervorbrachten. Aus der Verbindung von Isis und Osiris entstand schließlich der falkenköpfige Horus, der als Herrscher über das irdische Leben die Neunheit komplettiert.

Neben den Vorstellungen zur Entstehung der Welt gab es verschiedene andere Erzählungen: Eine der populärsten war die Legende um Isis und ihren Mann und Bruder Osiris sowie deren Sohn Horus, die bald in Feindschaft mit dem mächtigen Gott Seth geraten.

Isis und Osiris heirateten eines Tages und Osiris folgte seinem Vater Geb, der inzwischen die Regentschaft von Re übernommen hatte, auf den Thron der göttlichen Pharaonen und trat sein Amt mit sehr idealistischen Zielen an: Er wollte die Lebensbedingungen der Menschen zum Besseren wenden und lehrte ihnen Handwerkskünste und die Bestellung der Felder. Seine Schwestergattin Isis stand ihm in nichts nach. Auch sie galt als große Erfinderin, was ihr den Beinamen „klüger als eine Million Götter" einbrachte. Die Regentschaft der beiden wurde so berühmt, dass sogar fremde Völker nach Ägypten kamen und sich aus freien Stücken dem Isis-Kult anschlossen.

Doch wie es oft der Fall ist, einen Neider gab es auch hier: Es war der Bruder Seth, der einen Anschlag auf Osiris initiierte: Seth lud Osiris zu einem großen Fest ein, und obwohl die kluge Isis ihn vor einem Verrat gewarnt hatte, nahm dieser die Einladung an. Beim Fest präsentierte Seth eine trügerische Kiste mit Schätzen, die er jedem zu geben versprach, der in die Truhe passte. Keinem war es möglich, bis sich schließlich Osiris hineinlegte und Seth den Deckel schloss. Er nagelte ihn zu und überzog ihn mit Blei, so dass es keinerlei Lücke gab, durch die Osiris hätte entkommen können. Anschließend warf er die Truhe in den Nil.

Der Luftgott Shu trägt die Himmelsgöttin Nut, unterstützt von zwei Chnum-Figuren.

Im Verborgenen brachte Isis erneut einen Sohn zur Welt: Horus, den sie nach der Geburt in einen Korb legte und ihn auf dem Nil aussetzte. Dieser Korb wurde gefunden, Horus wurde von einer Ziehmutter aufgezogen. Isis hingegen begab sich auf die Suche nach Osiris. Sie fand ihn schließlich in einen Baum eingeschlossen, der jedoch als Pfeiler für den Palast der Königin dienen sollte. Isis aber gab sich zu erkennen und erzählte ihr von Osiris' traurigem Schicksal. Die Königin hatte Mitleid, befahl den Pfeiler einzureißen und so den Sarg des Osiris freizulegen. So bekam Isis ihren Gatten wieder zurück und erweckte ihn schließlich durch einen Zauber wieder zum Leben. Doch der mächtige Seth tötete Osiris erneut und verteilte seinen zerstückelten Körper über ganz Ägypten. Diesmal versuchte Isis vergeblich ihn wieder zu beleben, denn sie fand zwar alle Teile seines Körpers, nicht aber seinen Penis, den ein Krokodil verschlungen hatte. Und so blieb Osiris im Totenreich und wurde fortan der Wächter und Regent über die Verstorbenen.

Derweil wuchs Horus zu einem ungewöhnlich schönen und starken Jüngling heran, der beschloss, seinen Vater zu rächen, als er von seiner göttlichen Abstammung erfuhr. Er begab sich in einen mehrjährigen und derartig erbitterten Kampf, so dass er schließlich auch seine engsten Verbündeten verlor: Seine Mutter wandte sich von ihm ab und versuchte, Gefangene zu befreien, die ihr Sohn im Krieg gemacht hatte. Daraufhin wurde Horus so wütend, dass er seine Mutter enthauptete und nur die Heilkünste des Thoth Isis retten konnten. Nach langem Ringen wurde schließlich Horus Regent des „schwarzen Landes", also Ägypten, Seth blieb nur das „rote Land", die umgebende Wüste.

Isis mit ihrem Sohn Horus

DIE REISE INS JENSEITS

Das Hauptgewicht des ägyptischen Glaubens an ein Leben nach dem Tod lag nicht darin, sich dieses in seiner Andersartigkeit auszumalen, sondern sich vorzustellen, wie man dorthin gelangt. Auch hier zeigt sich also der Vorrang der Praxis vor der Theorie in der ägyptischen Religion.

Nach dem Tod musste die einzelne Seele eines jeden Menschen (Ka genannt) durch die zwölf Pforten (als Symbole für die zwölf Stunden der Nacht) der Unterwelt reisen. Diese Reise war nicht ungefährlich und beinhaltete eine ganze Reihe von Prüfungen. Eine der letzten und schwersten Prüfungen war das Totengericht. In der Halle der Wahrheit wurde das Herz des Verstorbenen auf die Waage gelegt, die abwägen sollte, ob es sich bei dem Verstorbenen um eine reine Seele handelte, oder ob er sich das Herz mit Lügen und falscher Lebensführung belastet hatte. Die Feder, die als Gegenstück zum Aufwiegen diente, war Maat, die Ordnung der Gerechtigkeit und Wahrheit.

Die Seelen, die die Prüfung nicht bestanden, wurden von der „Fresserin" vernichtet, einem

Untier mit dem Hinterteil eines Nilpferdes, dem Vorderteil eines Löwen und dem Kopf eines Krokodils. Diese armen Seelen waren vom Weiterleben nach dem Tod ausgeschlossen.

Um bei den Prüfungen keine Fehler zu machen, legte man dem Verstorbenen ein Totenbuch mit ins Grab, das ihn auf seinem Weg ins Jenseits begleiten und unterstützen sollte.

Über die genaue Lage des Jenseits kursierten viele unterschiedliche Vorstellungen, man kann jedoch drei Hauptvarianten unterscheiden. Die erste besagte, dass das Totenreich im Westen in der Wüste lag. Dies ist die älteste Vorstellung, von der man vor allem durch Grabinschriften des Alten Reiches weiß. Eine weitere Vorstellung besagte, dass das Jenseits im Himmel in der Nähe des Sonnengottes lag. Doch galt dies natürlich nur für den Pharao, der in die Barke des Sonnengottes Re einsteigen durfte und so den täglichen Sonnenlauf des Sonnengottes teilen durfte.

Die dritte Vorstellung ging davon aus, dass sich das Jenseits unter der Erde befindet. Hier lag das Reich des Gottes Osiris. Diese Vorstellung wurde von den Pharaonen zunächst abgelehnt, für die der Glauben an den Sonnengott wichtiges Mittel ihrer Herrschaft war. Die lichtarme Unterwelt schien ihnen keine wirkliche Verbesserung zum Lichtleben neben Re. Seit dem Ende des Alten Reiches aber konnte sich im Zuge einer „Demokratisierung" des Jenseitsglaubens die Vorstellung vom Reich des Osiris immer mehr durchsetzen. Denn durch diesen Glauben bekam auch das Volk die vom Schicksal des Pharao unabhängige Gewissheit, nach dem Tod weiterleben zu können. Dieser Glaube ging sogar so weit, dass seit dem Ende des Alten Reiches auch alle nichtköniglichen Verstorbenen nach ihrem Tod den Zusatznamen Osiris erhielten.

Diese drei Jenseitsvorstellungen blieben allerdings nicht als einzelne bestehen, sondern gingen im Laufe der Zeit ineinander über, z.B. kam es am Anfang des Neuen Reiches zu einer Vermischung der Gestalten des Unterweltsgottes Osiris und des Sonnengottes Re. Am Ende des Neuen Reiches verschmolzen Re und Osiris sogar ganz, Re wurde die Seele und Osiris der Leib eines Gottes.

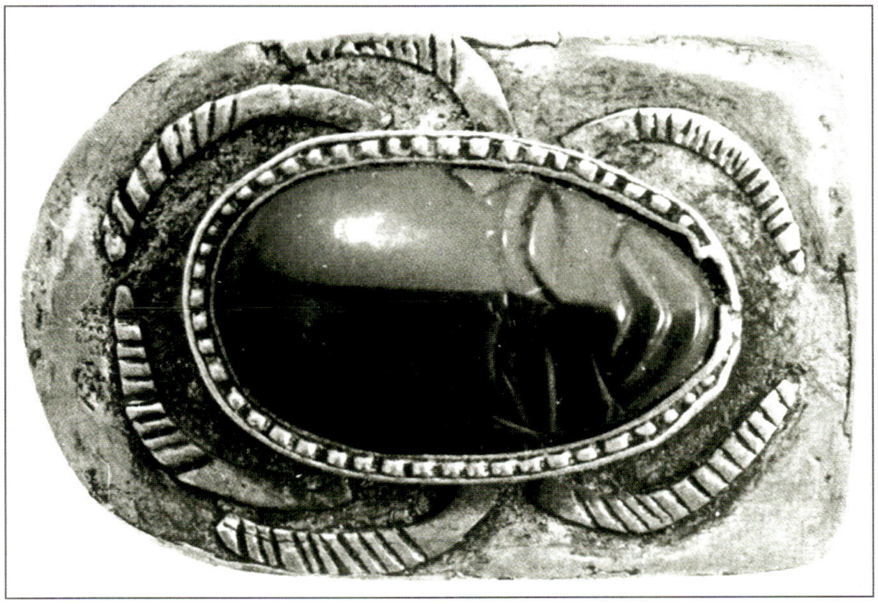

Altägyptisches Amulett: Stein-Skarabäus als Herzersatz für eine Mumie; ein Spruch darauf sollte verhindern, daß beim Totengericht das Herz gegen seinen einstigen Träger aussagt, wenn nach den bösen Taten und Gedanken des Verstorbenen gefragt wird.

Auszug aus dem Totenbuch

Der Verstorbene sagt:

Gruß dir, du Größter Gott, Herr der Vollständigen Wahrheit!
Ich bin zu dir gekommen, mein Herr,
ich bin geholt worden, um deine Vollkommenheit zu schaun.

(...)

Ich habe kein Unrecht gegen Menschen begangen,
und ich habe keine Tiere misshandelt.
Ich habe nichts „Krummes" anstelle von Recht getan.

(...)

Ich habe keinen Gott beleidigt.

(...)

Ich habe nicht Schmerz zugefügt und ich habe niemanden hungern lassen,
ich habe keine Tränen verursacht.
Ich habe nicht getötet,
und ich habe (auch) nicht zu töten befohlen;
niemandem habe ich ein Leid angetan.

(...)

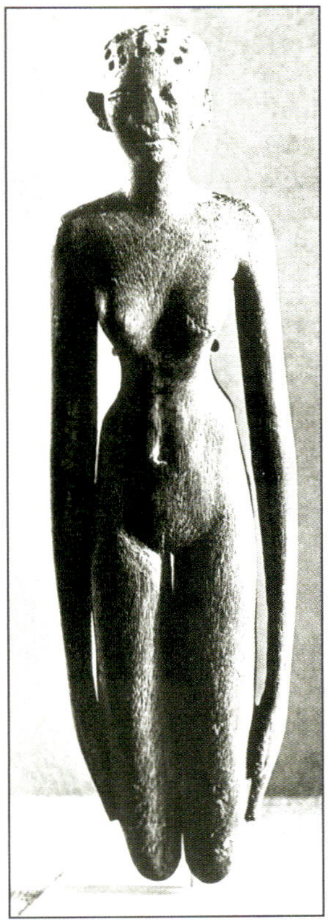

Altägyptische Grabbeigabe: eine Holzpuppe, in den Löchern am Kopf wurden Haare befestigt. Die 20 cm hohe Figur stellt eine Dienerin des Toten dar; um 1000 v.Chr.

DIE GÖTTER

Die in den mythischen Geschichten vorkommenden Götter wurden auf charakteristische Weise bildlich dargestellt. Die in Skulpturen und Zeichnungen verwendeten Darstellungen verfestigten sich mit der Zeit.

Die ägyptischen Götter existierten oft in mehreren Gestalten und wurden mit verschiedenen Naturerscheinungen assoziiert. So waren z.B. Himmel und Wasser Gottheiten, und viele andere Götter traten in Gestalt von Tieren auf oder bestimmte Teile ihres Körpers waren denen der Tiere nachempfunden, z.B. wurde der der Gott Anubis in Darstellungen stets mit einem Schakalkopf dargestellt. Die religiöse Phantasie der Ägypter war außerordentlich: Je nach „Kompetenzbereich" oder Naturphänomen gab es einen anderen Gott.

Nach Ansicht der Ägyptologen lassen sich die vielen verschiedenen Götter bestimmten Kategorien zuordnen: Die bedeutendsten waren die Hauptgötter. Sie wurden besonders stark verehrt und alle anderen Götter waren ihnen untergeordnet. Daneben gab es vor allem die Lokalgötter, die lediglich in einem bestimmten Gebiet verehrt wurden. Weiterhin gab es aber auch in den Kultzentren ausgebildete Ordnungsstrukturen. Eine von ihnen, die Enneade von Heliopolis, wurde

Amun

wurde auch Amun-Re genannt und war im Neuen Reich einer der Urgötter der Achtheit von Hermopolis. Er war als „Hauch des Lebens für alle Dinge", der Gott der Fruchtbarkeit und des Windes.

Anubis

galt als Gott der Totenriten und erscheint in seinen Darstellungen meist mit Schakalkopf. Er ist der Sohn des Osiris, der diesen unfreiwillig mit Isis' Schwester Nephthys zeugte.

Horus

„der Ferne", Hauptgott der frühen Mythologie, Gott des Himmels. Der Sohn von Isis und Osiris wurde als Mensch mit Falkenkopf oder gänzlich als Vogel dargestellt.

Isis

war die Mutter des Horus und die Schwester und Gemahlin des Osiris. Sie galt unter anderem als Muttergottheit und Schutzherrin der Kinder und symbolisierte die Kraft der Ideen und Erfindungen.

Nephthys

galt wie ihre Schwester Isis als weise und leidenschaftlich. Obwohl sie mit Seth verheiratet war, verbrachte sie durch einen Trick eine Nacht mit Osiris und gebar Anubis, den Wächter der Toten.

Maat

Göttin der Ordnung und Gerechtigkeit. Sie war diejenige, die beim Totengericht in Form einer Feder das Herz des Toten aufwog und darüber entschied, ob der Verstorbene die Reise ins Jenseits antreten durfte.

bereits vorgestellt. Da sie bereits in ganz früher Zeit entstanden war, blieb sie auch für die Dauer des Alten Reiches in der religiösen Vorstellungswelt fest verankert, die die Götter in familienähnliche Strukturen ordnete. Dieser Vorstellung einer Neunheit in Heliopolis gesellten sich andere Ordnungsstrukturen bei. So findet man in Hermopolis ein Gespann aus acht Gottheiten, geordnet in vier Paaren, die so genannte Achtheit.

Des Weiteren gab es die Anordnung der triadischen Systeme, die üblicherweise aus der Kernfamilie Vater, Mutter und Kind bestanden. Hier waren Isis, Osiris und Horus das bekannteste Modell, die ihr Pendant in Memphis in den Gottheiten Ptah, Sachmet und Nefertem fanden.

Dabei ist jedoch generell zu beobachten, dass die tatsächlichen, d.h. mythisch überlieferten Verwandschaftsverhältnisse eine untergeordnete Rolle spielten und vor allem dazu dienten, Statusprobleme zu regeln und mithin Streitigkeiten um die Kompetenzen der einzelnen Götter zu befrieden.

Zu den wichtigsten Totengöttern, die eine weitere bedeutsame Gruppe in der Ordnung der Götter bildeten, gehörten der Herrscher der Unterwelt Osiris und der schakalköpfige Anubis, der Wächter über das Totengericht.

Die wichtigsten Götter mit ihren Attributen:

Osiris

„Der erste der Westlichen (der Toten)", meist mit den Insignien des Pharaos dargestellt. Nachdem Seth ihn zum zweiten Mal getötet hatte, wurde Osiris zum Herrscher über das Reich der Toten und zum Beschützer der Verstorbenen.

Re

war der Hauptgott der Sonnenkulte. Er wurde stets in Begleitung seiner unterschiedlichen Aspekte verehrt, z.B. als Aton, die Sonnenscheibe, oder als Chepre, der Skarabäus, der sich selbst erschafft.

Seth

Der Gott des Krieges riss sich selber aus dem Schoß seiner Mutter Nut. Mit dem Mord an seinem Bruder Osiris wurde er zum Symbol der dunklen Seite der Seele. Er wird dargestellt als ein Mann mit dem Kopf einer unbekannten Bestie.

Thoth

Er repräsentiert mathematisches und wissenschaftliches Wissen. In seinem Besitz sind die drei Bücher, die das gesamte Wissen enthalten. Dargestellt ist er als Mensch mit einem Ibis-Kopf.

Kapitel 6

Kunst & Literatur

Auf dem Gebiet der schönen Künste hatten die Ägypter eine frühe Meisterschaft entwickelt. Dabei bildeten die verschiedenen Künste ein Kontinuum, das von der bilderartigen Schrift der Hieroglyphen über Grabmalereien und Reliefs bis hin zu Skulpturen und Kunsthandwerk reichte.

Die verschiedenen ägyptischen Schriftsysteme sind mittlerweile gut erforscht und erlauben somit auch einen Einblick in das, wovon die Hieroglyphen uns erzählen.

Die altägyptische Malerei ist in den meisten Fällen erstaunlich leicht zu erkennen. Ihr typischer Charakter ist viele Jahrhunderte beinahe konstant geblieben und macht es heute beinahe sogar dem Laien möglich, altägyptische von anderen antiken Malereien zu unterscheiden.

Mindestens ebenso wichtig war die bildende Kunst, fiel ihr doch die Aufgabe zu, die zahlreichen Tempel- und Grabanlagen zu verzieren und mit figürlichen Darstellungen zu versehen.

Nicht zuletzt war auch der Alltag und das Leben besonders der vornehmen Ägypter von Kunstfertigkeit durchdrungen, die sich in vielen kleinen, liebevoll gestalteten Gegenständen spiegelte.

DIE MALEREI

Eines der Hauptfelder der altägyptischen Kunst war die Malerei. Ihr waren sowohl im Stil als auch in der Technik enge Grenzen gezogen, die durch die aus der Religion abgeleiteten Tradition bestimmt wurden.

Das Verständnis des Künstlers und auch der Kunst ganz allgemein war ein anderes, als es unser heutiges ist. Die Werke waren nicht Ausdruck von Inspiration und Kreativität eines einzelnen Künstlers, sondern sie entstanden aus einem bestimmten Grund: Sie hatten eine religiöse Funktion. Sie wurden beispielsweise angefertigt, um sie in einem der Kulte zu verwenden oder um sie als Beigabe einem toten Pharao für die Reise ins Jenseits ins Grab zu legen.

An der Produktion der Bilder waren stets mehrere „Künstler" beteiligt. Diese Produktion aber war ein Herstellen im wörtlichen Sinne: Es gab feste Regeln, nach denen eine Darstellung angefertigt werden musste. Dies erklärt die Tatsache, dass alle altägyptische Malerei in einem unverwechselbaren Stil gehalten war.

Das Erzeugen von Kunst war damit eine Technik, die man erlernen konnte. Es galt, sich die charakteristischen Stilmittel anzueignen und das Produkt möglichst stilgetreu nachzubilden. Selbst unter der Regentschaft Echnatons, der einen neuen, realistischeren Stil in die Malerei einführte (den Amarna-Stil), blieben die wesentlichen Elemente der ägyptischen Maltradition erhalten.

Wenn man sich nun eine der Wandmalereien oder eine Abbildung auf einem Gefäß genauer anschaut, dann kann man folgende typischen Aspekte entdecken: Der wichtigste und hervorstechendste ist das Nebeneinander verschiedener Perspektiven. Den Ägyptern war es wichtig, den abgebildeten Gegenstand stets von seiner charakteristischen Seite abzubilden. Das heißt, dass man Gesichter beispielsweise fast ausnahmslos im Profil darstellte. Das führte allerdings zu einem darstellerischen Problem, denn der Körper lässt sich im Allgemeinen besser in der Frontalansicht anschaulich machen. Doch erkannten die Ägypter darin keinen Widerspruch. Sie wählten eine idealisierte Form der Abbildung, die unterschiedliche Perspektiven in ein Gemälde integrierte. Diese idealisierte Darstellung findet sich oft in

Das Ankh-Zeichen (= Henkelkreuz oder Lebensschlüssel) symbolisierte das Leben und den Lebensatem.

Das Herz-Zeichen war mit Denken, Fühlen und Empfinden, mit Intelligenz und Bewusstsein assoziiert.

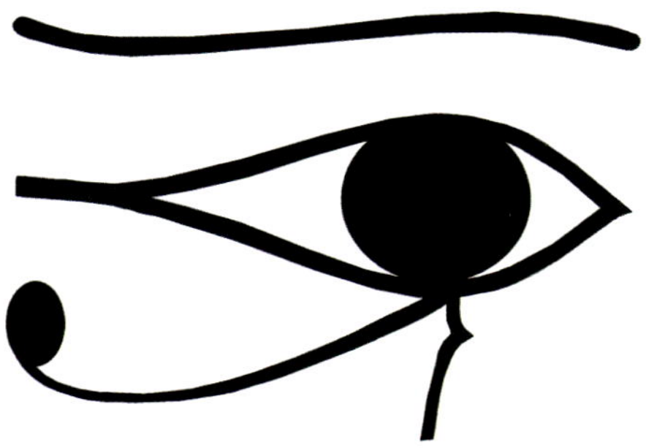

Das Udjat-Auge, oder „Auge des Horus" symbolisierte Gesundheit, Integrität und Wohlstand.

der Abbildung von (göttlichen und menschlichen) Personen. Ihnen fehlen jegliche persönliche Gesichtszüge, jede Gestik und jede Mimik. Auch fehlen Emotionen oder sonstige körperliche Ausdrücke meist ganz, was die Figuren oft starr und steif wirken lässt, selbst wenn sie sich in Bewegung befinden.

Trotz dieser Tendenz zur Idealisierung darf man nicht außer acht lassen, dass die ägyptischen Künstler sehr detailgetreu malten. So findet sich in der Darstellung von Vögeln, Pflanzen oder Insekten eine solche Genauigkeit, die es den heutigen Forschern ermöglicht, die Arten eindeutig zu bestimmen.

Thematisch gesehen wurde die Malerei von mythologischen Szenen bestimmt. Daneben finden sich aber auch, vor allem in späterer Zeit, Darstellungen aus dem täglichen Leben. Allgemein ist es wichtig zu bemerken, dass die Darstellungen oft erzählenden Charakter haben. Das bedeutet, dass es in den Zeichnungen oft um die Abbildung einer Handlung oder eines Geschehens geht. Letzteres wird erreicht, indem mehrere Zeitpunkte der Handlung gleichzeitig dargestellt werden.

Ein weiteres Merkmal ist die häufige Verwendung von bestimmten Schlüsselsymbolen, von denen die wichtigsten die folgenden sind:

Amarna-Stil

Die von Pharao Echnaton angestoßene kulturelle Revolution zeigte sich auf verschiedene Weise in den Bereichen der Malerei, der Plastik und auch der Literatur, man spricht vom so genannten Amarna-Stil (nach dem Fundort der meisten Kunstwerke dieser Zeit). Dieser Stil war durch starken Realismus bis hin zur karikaturhaften Überzeichnung bestimmt und hat sich auch nach der Restauration der alten Verhältnisse in Teilen erhalten.

Die Feder der Maat stand für die Ordnung und Gerechtigkeit in der Welt.

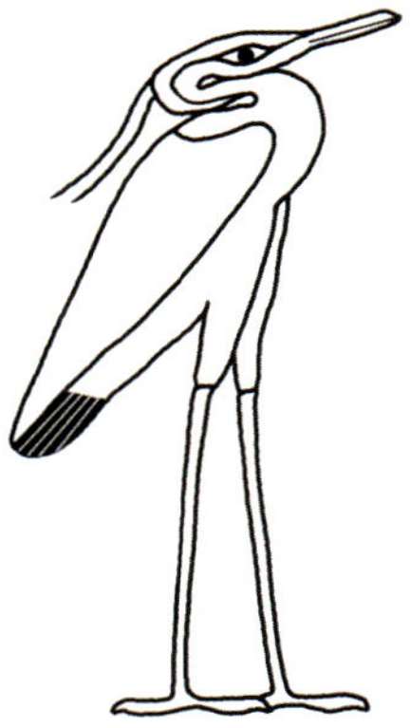

Benu, der heilige Vogel von Heliopolis, Vorbild des Phoenix.

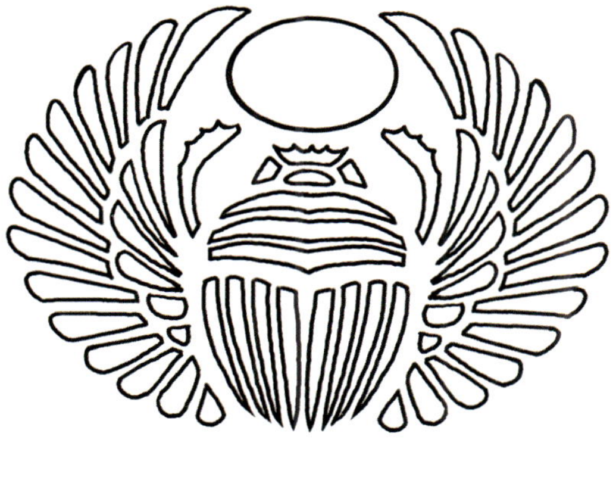

Der heilige Skarabäuskäfer symbolisierte die Existenz schlechthin.

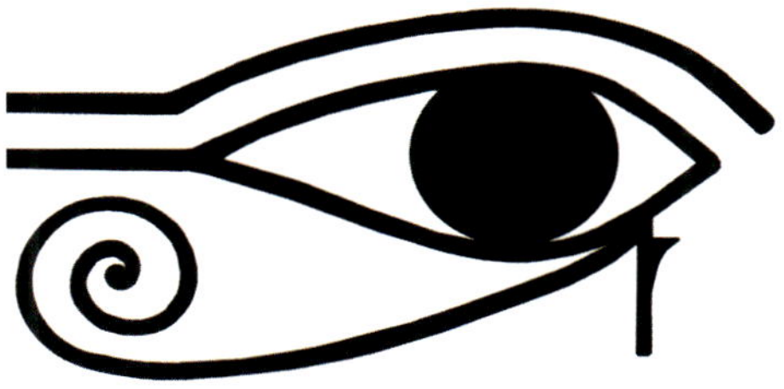

Das Auge des Re war das Pendant zum Mondauge des Horus, dem magische Kräfte zugeschrieben wurden.

RELIEF & PLASTIK

Die für die Malerei typischen Aspekte der Darstellung wie Vielperspektivität, Idealisierung und Detailtreue finden sich auch in den anderen Bereichen der bildenden Kunst, etwa in der Reliefkunst und zum Teil auch in der Plastik.

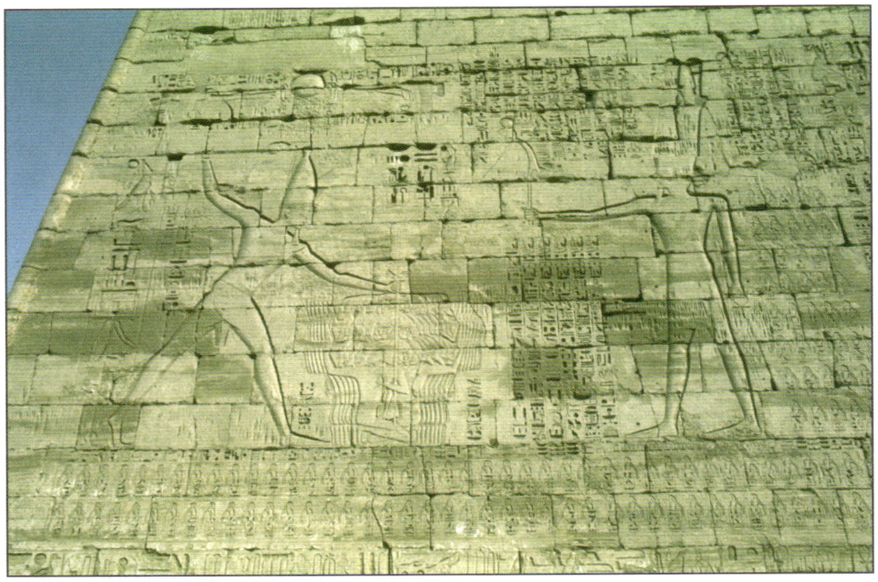

Das „Schlagen der Feinde" – ein beliebtes Reliefmotiv

Werfen wir zunächst einen Blick auf die Reliefkunst. Relief bezeichnet in der Kunst eine plastische Darstellung, die sich aus dem Hintergrund hervorhebt und mithin den Eindruck von Räumlichkeit entstehen lässt. (Der Begriff kommt von dem lateinischen Verb „relevare" und bedeutet in etwa soviel wie „in die Höhe heben").

Interessant ist nun zu beobachten, dass sich auch in dieser Art der Darstellung die Tendenz weiter durchsetzte, das abgebildete Objekt von der charakteristischsten Seite her in Szene zu setzen. Dabei aber entstand auch im Relief die eigentümliche Verbindung unterschiedlicher Perspektiven, obwohl man annehmen müsste, dass durch die Hinzugewinnung des Raumes dies aufgegeben würde. Generell kann man sagen, dass dieses Merkmal sich stärker findet, je weiter sich das Relief an der Malerei orientiert.

Vornehme ägyptische Frau mit kunstvoller Perücke; Relief aus dem Säulensaal des Ramose-Grabes von Theben

Später begann sich die Reliefkunst, mehr an der Plastik zu orientieren. In diesen Reliefs findet sich dann die konsequente Führung einer Perspektive. Berühmtestes Beispiel ist hier wohl das Wandrelief des Tutanchamun.

Reliefs findet man häufig als Wandreliefs in Grabkammern, aber auch in Tempeln. Da die Darstellungen meist rituelle Funktion hatten, waren sie beinahe ausschließlich dem Auge des Pharao oder Geistlichen vorbehalten. Abgebildet wurden, ähnlich wie in der Malerei, Göttergestalten und Pharaonen. Und auch der erzählende Charakter ist für Reliefs bestimmend. Eines der häufigsten Motive im Relief ist das Kriegsmotiv. Während in späterer Zeit oftmals Schlachtszenen nachgebildet wurden, verwendete man seit frühester Zeit das Motiv des „Schlagens der Feinde", um die Überlegenheit des Pharaos über andere Völker zu verherrlichen.

Anders hingegen verhält es sich mit der Plastik. Unter Plastik fasst man alle geformten, dreidimensionalen Artefakte, hauptsächlich aber Statuen und Skulpturen. Diese wurden in der Hauptsache in Grabanlagen aufgestellt und dienten dazu, dem Toten entweder Beistand zu sein oder als Abbild des verstorbenen Pharaos dessen ewige Fortdauer sichern. Dies ist auch der Grund, warum sich in der Art der Darstellung oft kein Merkmal der Vergänglichkeit findet: Die göttergleichen Pharaonen sollten so der Zeit trotzen können.

Die Haltung der Statuen ist stets aufrecht. Die Materialien für die Herstellung waren vor allem Kalkstein oder der sehr widerstandsfähige, aber auch schwerer zu bearbeitende Granit. Kleinere

Figuren als Grabbeigaben findet man oftmals aus Ton modelliert oder aus Holz geschnitzt. Die fertigen Figuren wurden oft aufwändig und mit höchster Präzision bemalt.

In der vierten Dynastie erreichte dieser Bereich der bildenden Kunst einen frühen Höhepunkt. Es bildete sich die so genannte „Schule von Memphis", die sich auf die Herstellung von Königsstatuen spezialisiert hatte, und in der die idealistische Herrscherdarstellung zu ihrer Perfektion kam.

Eine Ausnahme dieses Idealismus in der bildenden Kunst stellen die Skulpturen dar, die unter der Regierungszeit des Echnaton entstanden. Der von ihm geförderte neue Kunststil brach mit den Regeln der Tradition und wagte sich an einen neuartigen Realismus. Den idealisierten Darstellungen der Tradition wurden nun auch langhalsige oder fettleibige Personen entgegengestellt. Der Pharao selbst bildete da keine Ausnahme, er wurde häufig mit schlaffem Körper und Bauchansatz abgebildet, was vor Echnaton undenkbar gewesen wäre.

Statue eines Pharaos

DAS KUNSTHANDWERK

Neben Malerei und Plastik gibt es einen weiteren Bereich, in dem die Ägypter zu ungeahnter Perfektion gelangten: das Kunsthandwerk. Verschiedene Gegenstände des täglichen Gebrauchs wurden mit aufwändigen Verzierungen und wertvollen Materialien versehen.

Der Übergang zwischen den Künsten war fließend, und die alten Ägypter etablierten keine Rangordnung unter den verschiedenen Arten von Künsten. Somit hatte das Kunsthandwerk einen bedeutenden Status inne, gesellschaftlich standen der Künstler und der Handwerker auf derselben Stufe. Sie arbeiteten in der Regel im Auftrag des Staates, das heißt des Königs oder der Priester.

Berühmtes Pektoral des Tutanchamun

Die Gleichsetzung von Künstler und Handwerker hatte zur Folge, dass die Produkte der Handwerker ebenso wie die Kunstwerke als etwas Besonderes angesehen wurden, wenn sie Teil der kultischen Riten wurden, etwa als schmuckvolle Grabausstattung, als Aufbewahrungsbehältnisse oder Utensilien.

Natürlich gab es auch eine profane Dimension des Handwerks, zum Beispiel bei der Herstellung von Tongefäßen für den alltäglichen Gebrauch, die bereits den Charakter einer Massenfertigung hatte. Neben den Standardkrügen gab es jedoch auch Ausführungen für besondere Zwecke, z.B. die bei der Bestattung wichtigen Kanopen.

Das künstlerische Bestreben zeigte sich auch bei Gegenständen des täglichen Gebrauchs, wie z.B. im Fall verzierter Parfumaufbewahrungen oder bei Schmuckgegenständen wie Kämmen und Spiegeln.

In der Goldschmiedekunst brachten es die Ägypter nicht nur zu erstaunlicher Vielfalt, sondern auch zu einzigartiger Schönheit: Neben Ringen, Diademen und Anhängern findet sich auch dekorativ gestalteter Brustschmuck, so genannte Pektorale, die äußerst filigran gearbeitet sind. Die Bezeichnung kommt vom lateinischen „pectorale“ und bedeutet soviel wie „die Brust betreffend“ oder „zur Brust gehörig“. Sie waren nicht nur Schmuckstücke des Königs und der Priester, sondern auch für die Oberschicht. Die verwendeten Abbildungen waren zumeist religiöse Symbole, wie z.B. Horusauge und Skarabäus. Der Schmuck der Pharaonen enthielt oft auch Darstellungen vom „Schlagen der Feinde“.

Die Kanopenkrüge

Als Kanopen bezeichnet man die vasenförmigen rituellen Gefäße, die zur Aufbewahrung der Eingeweide eines Verstorbenen dienten. Diese wurden dem Leichnam bei der Mumifizierung entnommen und dann separat beigesetzt. Die ältesten Kanopen stammen aus der dritten Dynastie und kommen später gehäuft vor. Sie wurden mit großem Aufwand und höchster Sorgfalt hergestellt und individuell gestaltet, wobei man in späterer Zeit zusätzlich zu den Inschriften den Deckel als Tier- oder Menschenkopf gestaltete.

DAS SCHRIFTSYSTEM

Die altägyptische Bilderschrift übte von jeher eine Faszination auf Forscher und Entdecker aus. Seit der Entschlüsselung der „heiligen Zeichen“ durch Champollion hat man auch die Varianten und Veränderungen des altägyptischen Schriftsystems erforscht.

Die so genannten Hieroglyphen sind die bekanntesten Zeichen des altägyptischen Schriftsystems. Es wurde erzählt, dass Thoth, der Gott der Wissenschaften, die Hieroglyphen geschaffen hatte. Daher kommt auch ihr Name als „Schrift der Gottesworte“. Der Begriff Hieroglyphen, den wir heute verwenden, ist Griechisch und bedeutet „heilige Schriftzeichen“.

Man ging zunächst fälschlicherweise davon aus, dass die Hieroglyphen eine reine Bilderschrift waren. Doch ist dies nicht der Fall. Tatsächlich bedeuten manche der Zeichen auch einzelne Konsonanten oder stellen eine ganze Sinneinheit dar. Das System der ägyptischen Hieroglyphen war ziemlich umfangreich: Es umfasste zu Anfang etwa 800 Zeichen, zu denen im Laufe der Zeit noch mehrere hundert hinzukamen.

Generell muss man auch für die altägyptische Schrift festhalten, dass sie eine rituelle Dimension hatte: Der Schrift schrieb man einen magischen Aspekt zu, denn man glaubte, dass niedergeschriebene Dinge die Realität beeinflussen. Darum wurde es auch größtenteils vermieden, Negatives zu schreiben. Dies ging soweit, dass es beispielsweise kein Wort für Todestag gab, sondern man es umschrieb mit dem Ausdruck „Tag des Unglücks". Auch gefährliche Tiere wurden in der Darstellung entweder als erlegt oder zusammen mit einem Messer abgebildet.

Die Anfänge der Schriftentwicklung lagen in der prädynastischen Zeit und sind nicht mehr genau zu rekonstruieren. Die Entstehung der Schrift betreffend geht man davon aus, dass die Hieroglyphen aus ganz praktischen Gründen entwickelt wurden: Man wollte z.B. beim Handeln die Möglichkeit haben, Rechnungen aufzuschreiben. Auch zum Notieren und Überliefern wichtiger Ereignisse fehlte es an Mitteln. Erst später verwendete man die Hieroglyphen überwiegend in der Verwaltung und für die heiligen Texte.

Die Hieroglyphenschrift blieb über die gesamte Periode der ägyptischen Geschichte und noch darüber hinaus erhalten. Sie verschwand erst mit der Einführung des Christentums. Die letzte datierte Inschrift stammt aus dem Jahr 394 n. Chr.

Neben den eigentlichen Hieroglyphen verwendete man zwei weitere Schriftsysteme: Das Hieratische entwickelte sich als Kursivschrift zum Beschreiben von Papyrus schon in frühester Zeit. Sie war der Hieroglyphenschrift eng verwandt und entwickelte sich weitgehend parallel zu dieser. Die verwendeten Bildzeichen hatten jedoch im Vergleich zu den Hieroglyphen viel stärkeren Zeichencharakter und ähnelten damit eher den uns vertrauten Buchstaben.

Aus dem Hieratischen entwickelte sich seit dem 7. Jahrhundert v. Chr. die demotische Schrift. Sie wurde ebenfalls als Kursivschrift geschrieben. Die Kennzeichnung „demotisch" geht auf Herodot zurück und bedeutet soviel wie „volkstümlich" (von griech. „demos" = „Volk"). Das ist Ausdruck dafür, dass diese Schrift offenbar verbreitet von der einfachen Bevölkerung verwendet wurde, doch lässt sich das schwer exakt nachweisen. Die Schrift ist zudem schwierig zu lesen. Viele Zeichen ähneln einander stark und treten nicht einzeln auf, sondern sind durch viele Verbindungsbögen miteinander verknüpft.

Hieratische Schrift

Allgemein war das ägyptische Schriftsystem nicht besonders systematisch und außerdem nicht prinzipiell fixiert, da es ständig durch neue Zeichen erweiterbar blieb. Schon der bildartige Charakter der Zeichen ließ viel Spielraum für Varianten und Ungenauigkeiten. Bei der Entzifferung wurden weitere Schwierigkeiten offenbar. So wurden beispielsweise die gleichen Wörter unterschiedlich geschrieben – manchmal sogar innerhalb desselben Textes. Manche Worte wurden auch farbig geschrieben. Die Farbe entsprach oft der Naturfarbe des dargestellten Gegenstandes, die man jedoch nicht immer genau kannte.

Die Erforschung der ägyptischen Sprache und Schrift hat sich heute zu einer Spezialdisziplin innerhalb der Ägyptologie entwickelt. So kann man inzwischen sogar die verschiedenen Schriftstile der unterschiedlichen Reiche und Epochen unterscheiden, was eine Datierung von Inschriften allein anhand ihrer Form möglich macht.

Hieroglyphen

DIE LITERATUR

Die altägyptische Literatur lässt sich in zwei Gruppen einteilen: Auf der einen Seite stehen die religiösen, auf der anderen die profanen, d.h. nichtreligiösen Texte. In beiden Gruppen finden sich wiederum unterschiedlichen Zwecken dienende Textgattungen.

Die Ägypter gaben den Toten beschriftete Papyri mit auf den Weg ins Totenreich.

Unter die religiösen Texte fallen zum Beispiel die Texte in Pyramiden- und Grabmälern, weiterhin Zaubertexte und Jenseitsbücher. Doch muss man immer im Blick behalten, dass die alten Ägypter nicht streng zwischen Religion, Magie und Medizin unterschieden. Die Texte stellen also – nach heutigem Verständnis – Mischformen dar.

Um sie zu klassifizieren, ordnete man die gefundenen Texte den folgenden Gattungen zu: Die ersten und damit ältesten Zeugnisse bieten die Pyramidentexte. Man findet sie in der Hauptsache in den Pyramiden des Alten Reiches. Im Mittleren Reich wurden Texte dieser Art zunehmend auch auf Sarkophagen niedergeschrieben. Es handelt sich um Texte, die dem Verstorbenen bei der Reise ins Jenseits zur Seite stehen sollten.

Eine weitere Gattung sind Hymnen, die als Loblieder der Götter entweder an den Wänden der Grabstätte oder auf beigelegten Papyri zu finden sind. Weiterhin lassen sich Zaubertexte, Texte für Rituale und Prophezeiungen belegen, die jedoch von der medizinischen Literatur nicht eindeutig zu unterscheiden sind.

Von großer Bedeutung waren die so genannten Jenseitsbücher. Dazu zählen das Pfortenbuch, das Buch von der Himmelskuh, das Höhlenbuch und weitere. Das berühmteste ist zweifelsohne das Totenbuch, dessen Name auf den deutschen Ägyptologen Richard Lepsius zurückgeht, der 1842 einem gefundenen ptolemäischen Papyrus diese Bezeichnung gab.

Inhaltlich stellt es eine Sammlung von Zaubersprüchen, Beschwörungsformeln und liturgischen Anweisungen dar. Überliefert sind Teile des Totenbuchs auf ganz unterschiedlichen Schriftträgern. Der häufigste war der Papyrus, doch auch auf leinenen Leichentüchern, Mumienbinden, Leder, Holz- und Steinsärgen, sowie auf Beigaben wie Skarabäen oder Uschebtis finden sich Auszüge. Das Totenbuch war jedoch kein Buch im heutigen Sinne, sondern eine lose Sammlung von Texten, die meist im Auftrag oder auf Vorrat angefertigt wurde.

Zur zweiten großen Gruppe der profanen Texte zählt man zum einen Autobiographien und Briefe sowie verschiedene Arten von Liedern, z.B. Liebeslyrik und die so genannten Harfnerlieder. Zum anderen gehören dazu die Weisheitstexte, Erzählungen sowie Texte medizinischen Inhalts.

Das Wachtelküken stand im Alten Ägyten für ein u bzw. w

Die bekannteste Autobiographie ist wohl die der Pharaonin Hatschepsut. Ihr Name bedeutet „Die erste der vornehmen Frauen", was später noch erweitert wurde durch die Zugabe „die Amun umarmt". Der autobiographischen Legende zufolge verliebte sich der Gott Amun in Theben in eine wunderschöne Frau. Um mehr über sie zu erfahren, half ihm der weise Thoth, der Amun in die Gestalt ihres Gatten verwandelte, während sie schlief. Als sie vom Duft des Gottes erwachte, verliebte sich Amun in sie und sie erkannte in ihm den Gott. Daraufhin prophezeite er ihr nicht nur ihren Namen, sondern auch, dass sie Königin über Ägypten werden soll.

Lebens- oder Weisheitslehren umfassen Texte, die als Weisungen an Schüler oder direkt an die Söhne gerichtet waren. Sie waren also als Schultexte gedacht, an denen die Kinder nicht nur die Schrift lernen, sondern die ihnen gleichzeitig eine bestimmte moralische Orientierung vermitteln sollten. Sie liefern den Forschern heute wichtige Erkenntnisse darüber, wie es um die Ethik und Moral des ägyptischen Staates bestellt war. Die Mehrheit von ihnen stammt aus der ersten Zwischenzeit, was bemerkenswert ist, denn gerade diese Zeit war von politischen und sozialen Veränderungen gekennzeichnet. Das Aufkommen dieser Weisheitsliteratur lässt sich damit auch als Reaktion auf einen allgemeinen Wertverfall begreifen.

Unter die Kategorie Erzählungen fasst man Geschichten, die nicht direkt mit der Mythologie der Götter in Zusammenhang stehen, aber dennoch legendenhafte Erzählungen sind. Die bedeutendste ist die „Geschichte von Sinuhe", die im alten Ägypten sehr beliebt gewesen sein muss, denn sie ist in zahlreichen Handschriften überliefert.

Sie erzählt von Sinuhe, dem Sohn der Sykomore, der ein relativ gut statuierter Bürger am Hofe des König Amenemhet I. ist. Bei dessen Tod bekommt Sinuhe Angst, dass man ihn als Attentäter beschuldigt. Er flieht aus seinem geliebten Heimatland Ägypten und gerät in Palästina in diverse Abenteuer. Dort gründet er auch eine Familie, aber das Heimweh plagt ihn. Der neue Herrscher in Ägypten, Sesostris I., hegt jedoch keinen Verdacht gegenüber Sinuhe und bittet ihn, in sein Land zurückzukehren. Sinuhe gehorcht freudig und wird daheim am Hofe mit viel Aufwand empfangen.

Der weise Thoth, Gott der Schrift, der Schreiber und der Wissenschaft

Kapitel 7

Architektur

Denkt man an Ägypten, so hat man meist an Pyramiden, Sphingen und riesige Grab- und Tempelanlagen gedacht. Sie sind nicht nur der räumliche Ausdruck der ägyptischen Weltanschauung und bestimmter religiöser Vorstellungen, sondern zeugen auch von den Machtverhältnissen. Das meiste an Wissen, was von den Archäologen erschlossen wurde, entstammt den repräsentativen Bauten der herrschenden Schicht, allen voran denen der Pharaonen. Doch steht natürlich außer Frage, dass es sich hier um architektonische Meisterleistungen der besonderen Art handelt.

Neben den verschiedenen Pyramiden, die den bekanntesten Fall der altägyptischen Grabanlagen darstellen, spielten die Errichtung und der Ausbau von Tempeln eine immer größere Rolle in der ägyptischen Baukunst. Die großen Tempel von Luxor, Karnak und Abu Simbel und viele weitere erhaltene Anlagen lassen eine Ahnung davon entstehen, wie prachtvoll und mächtig die Bauten zu ihrer Zeit gewirkt haben müssen.

Nicht weniger ausgefeilt und beeindruckend waren die städtebaulichen Leistungen der Ägypter. Wenn auch von den einst ruhmreichen Städten nur Weniges die Jahrtausende überdauert hat, so erlauben die erhaltenen Anlagen von Theben und Achetaton, uns ein Bild dieser Städte zu machen.

ALLGEMEINE ENTWICKLUNG

Die bekannten Pyramiden von Gizeh mit ihrer so selbstverständlichen Perfektion verdanken sich nicht einer plötzlichen Eingebung, sondern sie haben sich allmählich aus Vorformen herausgebildet. Dazu gehörten Mastabas und Stufenpyramiden.

Die ersten bekannten Grabanlagen wurden aus den Nilschlammziegeln gefertigt, aus denen auch die ägyptischen Häuser bestanden. Diese so genannten Mastabas bestanden aus zwei Teilen. Oberirdisch sichtbar war ein Oberbau auf rechteckigem Grundriss. Die eigentliche Grabkammer befand sich unter der Erde. Hier lagerten dann der Sarkophag und die verschiedenen Grabbeigaben. Typisch war auch die Errichtung einer Stele inmitten der Grabkammer, die den Namen des Verstorbenen trug.

Die Weiterentwicklung der Mastabas führte bereits in der dritten Dynastie unter Pharao Djoser zur Errichtung einer Pyramide. Dieser ersten „Stufenpyramide" sieht man den Übergang deutlich an, ist sie doch offenbar aus mehreren übereinandergebauten Mastabas zusammengesetzt.

In der vierten Dynastie fand der Pyramidenbau bereits seinen Höhepunkt. Die entscheidende Neuerung dabei ist aber nicht die gigantische Pyramide selbst, sondern dass die eigentliche Grabstätte aus der Tiefe der Erde ins Innere der Pyramide wandert, Zeichen einer stärkeren Hinwendung zur Verehrung des Sonnengottes

In der 5. Dynastie kam ein weiteres rituelles Gebäude hinzu: der Totentempel. Sie gehörten ab dieser Zeit zum Gebäudekomplex um das Königsgrab. Erst ab dem Mittleren Reich wurde der Totentempel auch unabhängig von einer Grabanlage errichtet.

Im Neuen Reich versuchte man stärker, landschaftliche Gegebenheiten für sich nutzbar zu machen: man baute die Gräber in einer Ebene vor und in das Felsengebirge. Die prototypischen Anlagen dieses Typs liegen im Tal der Könige. Hier finden sich zum Beispiel die Totentempel Ramses II. und Amenophis III. und der Tempel der Hatschepsut. Diese Tempel dienten vor allem als Gedenkorte, an denen den in der Anlage begrabenen Pharaonen Opfergaben dargebracht werden konnten.

Rekonstruktion einer Mastaba mit unterirdischer Grabstätte

DIE ANLAGE VON SAKKARA

Die Pyramide von Sakkara ist der erste bekannte große Steinbau der Geschichte. Erbaut während der Herrschaft König Djosers aus der dritten Dynastie, erregte sie auch in späterer altägyptischer Zeit viel Bewunderung.

Die Pyramide von Sakkara findet man auch heute noch am linken Nilufer, ca. 20 km südlich von Kairo. Sie diente als Grabmal des Königs Djoser und befindet sich in der Nähe der alten Hauptstadt Memphis. Dieser Bau von 60 Metern Höhe und einer Grundfläche von 140 mal 118 Metern stellte das mit Abstand gewaltigste Bauwerk seiner Zeit dar.

Die gesamte Grabanlage hat insgesamt eine Grundfläche von 6 km Länge und 1,5 km Breite. Man nimmt heute den Wesir Imhotep als Baumeister an, der den gigantischen Komplex um 2650 v. Chr. geplant haben soll. Das Neue bestand vor allem darin, dass für die Stufenpyramide zum ersten Mal quadratische Steinblöcke verwendet wurden. Diese waren im Vergleich zu dem sonst üblichen Baustoff Lehm um einiges robuster und sind der Grund dafür, dass die Pyramide heute noch so gut erhalten ist. Glaubt man den Quellen, dann soll dies die Idee jenes Imhotep gewesen sein, der als „Erfinder der Kunst des Bauens mit Steinen" in die Geschichte eingegangen ist.

Nachdem mit der Stufenpyramide ein erstes Grabmal in Sakkara errichtet wurde, begann ein regelrechter „Run" auf die alte Stätte, so dass auch die Könige der 5. und 6. Dynastie hier ihre Pyramiden errichteten. Im Verlaufe der Jahrhunderte entwickelte sich Sakkara schließlich zur Nekropole der Residenzstadt Memphis, in der heute die Grabmäler vieler hoher Würdenträger aus ganz verschiedenen Zeiten besichtigt werden können.

Bis ins Neue Reich wurde Sakkara als bedeutende Nekropole genutzt und bekam noch einmal einen Aufschwung, als Amenophis III. hier begraben wurde. Dieser Herrscher der 18. Dynastie ließ sogar seinen ganzen wichtigen Hofstaat mit sich begraben. Deshalb finden sich auf der Anlage auch die Gräber hoher Beamter. Die Grabstätten dieser Zeit waren allgemein etwas wenig bescheidener und ähnelten kleinen Tempeln. Doch sind diese Anlagen weniger gut erhalten als die Bauten des Alten und Mittleren Reiches. Auch später noch war die Bedeutung Sakkaras ungebrochen: Sie behielt ihre Bedeutung bis in ptolemäische Zeit. Auch die Ptolemäer errichteten hier eine eigene Begräbnisstätte.

Nekropole

Mit Nekropole oder Totenstadt bezeichnet man die größeren Begräbnisstätten des Altertums. Der Begriff kommt vom griechischen Wort „Nekropolis" und bedeutet „Totenstadt". Nekropolen lagen meist abseits oder außerhalb der Wohnsiedlungen. Diese großen auch als rituelle Plätze genutzten Anlagen finden sich nicht nur im alten Ägypten, sondern auch in diversen anderen Hochkulturen, wie zum Beispiel bei den Griechen und Römern.

Die Stufenpyramide von Sakkara ist die älteste erhaltene Steinpyramide der alten Ägypter

DAS TAL DER KÖNIGE

Das Tal der Könige war die zweite bedeutende Nekropole im Alten Ägypten. Hier wurden bisher 63 Gräber gefunden und wissenschaftlich untersucht, wobei vor allem die Herrscher des Neuen Reichs hier bestattet sind.

Das Tal befindet sich im Westteil der Stadt Theben am linken Nilufer. Es liegt am Rand der Wüste und wird von hohen Bergen umrahmt. Man nennt sie die natürliche Felspyramide „Das Horn“. Das Tal der Könige war schon in ägyptischer Zeit und seitdem immer wieder Ziel von Grabräubern, die sich für die reichhaltigen und wertvollen Grabbeigaben interessierten. Obwohl dadurch viele Gräber unwiederbringlich zerstört wurden, hat man hier zahlreiche spektakuläre Funde gemacht.

Seit der 18. Dynastie entstanden hier zahlreiche Totentempel, die in einer Ebene vor dem Felsengebirge im Tal der Könige angelegt waren. Die bekanntesten sind die Totentempel von Königin Hatschepsut, von Amenophis III., von Ramses II. (Ramesseum) und Ramses III. (Medinet Habu).

Viele ägyptische Herrscher haben hier ihre Spuren hinterlassen. Da zunächst Thutmosis I., der als erster Herrscher sein Grab im Tal der Könige. Auch der Begründer der 19. Dynastie Pharao Ramses I. war hier bestattet. Mit dem Grab des Ramses XI. (20. Dynastie) wird der Reigen der großen Königsgräber beschlossen.

Unweit des Tals finden sich auch noch zwei etwa 18 Meter hohe Statuen, die Zwillingskolosse von Memnon. Sie wurden aus einem Quarzgestein gefertigt und stellen den Pharao Amenophis III. dar. Es ist daher anzunehmen, dass sie etwa um 1370 v. Chr. errichteten wurden. Sie hatten einst die Funktion, seinen Totentempel zu bewachen, doch ist von diesem heute fast nichts mehr erhalten. Durch Erdbeben und die Witterung über die Jahrtausende hinweg sind auch die Bildnisse schwer beschädigt.

Früher erzählte man sich in Ägypten von sphärisch klingenden Tönen, die vor allem bei Sonnenaufgang von den Statuen ausgingen, was ihnen eine mystische Aura verlieh. Heute hat man dafür eine wissenschaftliche Erklärung: Vermutlich wurden die Töne bei Temperaturschwankungen durch Wind bzw. sich erwärmende Luft erzeugt, die abgeplatzte Steinpartikel zum Klingen brachte.

Die Kolosse von Memnon

DIE ANLAGE VON GIZEH

Die Pyramiden von Gizeh, deren Bild heute Teil des kulturellen Gedächtnisses ist, sind das eindrucksvollste Zeugnis der architektonischen Meisterschaft des Alten Reiches.

Die Pyramiden von Gizeh, von Süden gesehen; im Vordergrund die drei kleinen Königinnenpyramiden, dahinter die Pyramide des Mykerinos, in der Mitte die des Chephren und rechts die des Cheops

Im Zentrum der Anlage stehen die drei großen Pyramiden der Herrscher der 4. Dynastie: die von Cheops, Chephren und Mykerinos. Die größte der Gizeh-Pyramiden und aller ägyptischen Pyramiden überhaupt ist die Cheopspyramide. Sie diente den Nachlebenden als Richtschnur und unerreichtes Vorbild eigener Bauten. Ihre unwahrscheinliche Größe wurde nie wieder erreicht, ähnlich hoch ist nur die nebenstehende Chephren-Pyramide. Die Pyramide des Cheops erhebt sich 146 Meter in die Höhe auf einer quadratischen Grundfläche von 230 Metern. Die Außenwände der Pyramide waren ursprünglich weitestgehend glatt und aus polierten Kalksteinplatten. In dieser Form ist sie aber heute nicht mehr erhalten, Verwitterung und die Entwendung von Steinen taten ihr Werk.

Über einen schmalen hohen Gang, auch große Galerie genannt, kommt man zur Grabkammer und zu einer großen Halle. Durch eine Vorkammer gelangt man schließlich erst zur eigentlichen Sargkammer. Hier wurde der massive Sarkophag des Pharao aus Granit gefunden. Da man keine weiteren Beigaben entdecken konnte, geht man davon aus, dass auch die bereits den Grabräubern in die Hände fielen.

Die „Pyramide der Horizonte, wo die Sonne auf- und untergeht" wie sie auch genannt wird, hat an ihren Seiten fünf Ausschachtungen für Boote, die Sonnenbarken. Ihre Notwendigkeit entspringt dem altägyptischen Totenglauben, nach dem die Seelen des Verstorbenen in einer Barke zum Sonnengott hinauf fährt.

Doch gehört zu der Anlage noch weit mehr als das berühmte Dreigestirn: Vor der Mykerinospyramide finden sich zunächst drei kleinere Königinnenpyramiden, teilweise im Stufenstil errichtet.

Am Rande der Nekropole bewacht die mächtige Sphinx den gesamten Gräberkomplex. Ursprünglich war sie mit farbigen Putz überzogen, doch findet man davon heute nur noch sehr wenig Spuren.

Hinter der Sphinx findet sich der Taltempel Chephrens, der besterhaltenste Tempel der 4. Dynastie. Von hier sollte die Totenreise des Verstorbenen ihren Anfang nehmen. Hier wurden die verschiedenen Riten vollzogen, bis der Übergang ins Jenseits vonstatten gehen konnte. Die Architektur ist relativ schlicht gehalten: An der Ostseite befinden sich zwei Eingänge, die über eine Vorhalle schließlich in eine T-förmige Pfeilerhalle münden. Von hier aus geht ein schmaler Gang zur Prozessionsrampe, die schließlich zur Pyramide führt.

Sphinx vor der Chephren-Pyramide. Um den Verlust der Nase ranken sich verschiedene Legenden.

DIE GROSSEN TEMPELANLAGEN

Der Tempel als Ort der Totenverehrung und der Opfergaben wurde im Verlauf der ägyptischen Geschichte zunehmend bedeutsamer. Ihren Höhepunkt erreichte diese Entwicklung in den monumentalen Anlagen im Neuen Reich.

Im Laufe der Jahrhunderte entwickelte sich ein festes Schema, nach dem beinahe alle größeren Tempelanlagen aufgebaut sind. Das Grundmerkmal ist, dass die Komplexe in unterschiedliche Sektoren geteilt waren: Die vorderen Gebäude waren meist sehr groß, hell und hoch. Dadurch wurde der Effekt erzielt, dass die hinteren Gebäude weniger Licht erreichte. Auch in der Bauart waren die hinteren enger und niedriger konzipiert und wirkten in allem dunkler. Je weiter man in den Tempel kam, desto enger wurden die Gassen und desto strikter wurde auch der Zugang geregelt.

In der Mitte und damit im Kern und rituellen Zentrum der Anlage befand sich das Allerheiligste. Das war der Raum mit der Götterstatue oder einem Schrein, in welchem die Götterstatue aufbewahrt wurde. Das Allerheiligste war damit architektonisch optimal inszeniert: Das wenige Licht und die dunkle Anmutung der unmittelbaren Umgebung gaben ihm den mystischen Charakter, der für die Prozessionen nötig war.

Seit dem Neuen Reich zierte die Frontansicht des Tempels in der Regel ein besonderer Eingang in Form eines Pylons. Davor befanden sich entweder Masten für Flaggen, Obeliske oder Kolossalstatuen. Die Pylone waren reich verziert mit Bildern, und Texten. Beliebt waren Abbildungen, die den Herrscher in siegreicher Pose oder in der Schlacht zeigten.

Eine interessante Ausnahme vom schematischen Konstruktionsprinzip der Tempelanlagen bildet der Felsentempel der Königin Hatschepsut. Er befindet sich in einer Art natürlichem Amphitheater, das in den Felsen gehauen wurde. Die Front macht einen viel offeneren Eindruck. Weiße hohe Pfeilerreihen weisen in das Niltal. Eine monumentale Rampe als Prozessionsweg führt direkt in das Innere des Heiligtums. Dieser Tempel scheint die Abwehrgesten nicht zu brauchen, sondern fügt sich harmonisch in seine Umgebung ein.

Pylon

In der antiken ägyptischen Architektur sind Pylone Toranlagen, die den Zugang zu Tempelanlagen markieren. Sie sind meist mit Flankentürmen gekennzeichnet. Die Pylone sind solitäre Baukörper, die oft aus mehreren Elementen zu einem komplexeren, zum Teil auch sehr monumentalen Eingangsbau verbunden sind. Somit vereinen Pylone in sich die Funktion und Gestalt von Türmen, Mauern und Toren. Sie haben in der Baugeschichte viele Nachahmer gefunden.

Der Felsentempel der Königin Hatschepsut

DER TEMPEL VON LUXOR

Der Luxortempel wurde zur Zeit des Neuen Reichs errichtet und erlangte bereits in der Antike Berühmtheit unter dem Namen „südlicher Harem des Amun von Karnak", da er besonders diesem Gott und seiner Familie gewidmet war. Er ist ein klassisches Beispiel für den beschriebenen Aufbau.

Man geht heute davon aus, dass an der gleichen Stelle bereits in der 12. Dynastie ein Heiligtum stand, denn man konnte nachweisen, dass das verwendete Baumaterial bereits einmal zu Bebauung genutzt worden war.

Der heutige Tempel ist das Resultat der Bebauungspläne unterschiedlicher Zeiten und Herrscher: Amenophis III. ließ an der ursprünglichen Stelle des Heiligtums eine Säulenhalle und einen dazugehörigen zweiten Hof errichten, ebenso wie den dazu gehörigen Säulengang.

Ramses II. ließ den ersten Hof und den großen Pylon mit den Statuen und Obelisken bauen und später gestaltete Nektanebos I. den Hof vor dem Pylon. Weitere bauliche Veränderungen nahmen auch die Griechen vor.

Von der Nilpromenade aus gelangt man zur Tempelanlage und auf den ersten Vorhof. Es schließt sich hier eine lange Allee Richtung Norden an, die in der Antike dazu diente, den Luxor- mit dem benachbarten Karnak-Tempel zu verbinden. Im ersten Hof findet man heute unterschiedliche religiöse Stätten, doch waren die drei Räume ursprünglich für die Götter Mut, Amun und Chons bestimmt. Nach Passieren eines Säulengangs mit Pharaonen- und Götterstatuen gelangt man durch weitere Durchgänge und Säulenhallen schließlich den Kern der Anlage, das Allerheiligste.

Der Tempel erfüllte in altägyptischer Zeit zwei wesentliche Funktionen: Zum einen war er traditioneller Austragungsort des altägyptischen Neujahrfestes, des sogenannte Opet-Festes. An diesem Fest wurden die Statuen der Götter Amun, Mut und Chons vom Karnak-Tempel in den Luxortempel gebracht. Dies war eines der wenigen Ereignisse, bei denen auch das einfache Volk an den Prozessionen teilhaben durfte. Die Feierlichkeiten rund um das Opetfest dauerten zunächst elf und später sogar bis zu 27 Tagen. Mut und Chon verblieben in den kapellenartigen Bauten hinter der Säulenhalle und nur Amun hatte die Ehre, auf seiner Barke in den Tempel geleitet zu werden. Er fand schließlich für die Zeit der Festlichkeiten seinen Platz im Allerheiligsten.

Auch die zweite Funktion war ritueller Natur. Am Neujahrstag sollte der König sich mit seinem Ka, seiner göttlichen Seele, wiedervereinigen. Diese Prozession diente dazu, die Göttlichkeit des Königs zu feiern, zu bestätigen und ihn somit in der Ausübung seiner politischen Macht zu stärken und zu erhalten.

Blick auf den Luxortempel

DER TEMPEL VON KARNAK

Der Tempel von Karnak stand mit dem Luxortempel in engem Zusammenhang. Er befindet sich am rechten Nilufer in nördlicher Richtung und gilt als größter Sakralbau der Welt.

Auch diese Tempelanlage war dem Gott Amun geweiht und nach Osten, also in die Richtung des Sonnenaufgangs ausgerichtet. Die drei Bereiche des Tempels sind von imposanten Ziegelumwallungen umgeben. Auf den ersten Blick erkennbar ist der Tempel des Amun-Re. Da dieser durch zehn Pylone geschützt wird, ist er weithin sichtbar. Diese haben eine Breite von bis zu 100 Metern und eine Höhe von bis zu 40 Metern, so dass sie weithin sichtbar sind.

Auch weitere Heiligtümer finden sich innerhalb des Komplexes (unter anderem ein von Echnaton erbautes Aton-Heiligtum), doch das Zentrum des kultischen Geschehens lag ohne Zweifel im Amun-Bezirk, der auch den „heiligen See" als Symbol für das Urwasser, enthält. Der früheste Beleg für einen Amun-Kult in Theben stammt aus dem Mittleren Reich. Damals wurde Amun-Re von den Thebanern zum Lokalgott und später sogar zum Reichsgott erhoben. Dies auch war der Anlass für den Bau, der über die Jahrtausende hinweg zum heutigen Tempelkomplex anwachsen sollte. Auch die Göttergattin Mut und ihr gemeinsamer Sohn Chons erhielten so ihre eigenen Gotteshäuser.

Auch im Neuen Reich hatte man das Interesse an der Tempelanlage nicht verloren. Rege Bautätigkeiten brachten die Anlage schließlich zu der enormen Größe, von der die heute erhaltenen Reste Zeugnis ablegen.

In jüngster Zeit hat man die Tempelanlage durch umfassende Restaurationen noch zusätzlich bereichert: So wurde im Jahr 1938 nördlich des Amun-Re-Tempels die „Weiße Kapelle" wiederaufgebaut. Sie gilt als das älteste erhaltene Bauwerk der Anlage. Ihren Namen bekam sie, weil sie größtenteils aus Alabaster gefertigt wurde. Weiterhin rekonstruierte man zu Beginn des 21. Jahrhunderts die „Rote Kapelle" der Königin Hatschepsut, deren Blöcke in einem Pylon des Amun-Tempels wiedergefunden worden waren.

Der heilige See im Innern des Amun-Tempels in Karnak

DER STÄDTEBAU

Neben den bisher beschriebenen architektonischen Einzelanlagen zeigten die Ägypter ihre Baukunst auch bei der Planung und dem Ausbau ganzer Städte. Von diesen sind zwei besonders gut erhalten: Theben und Achetaton.

Karnak-Tempel in der Stadt Theben

Die antike Stadt Theben ist Zeugnis für einen so genannten offenen Grundriss der Stadt. Das bedeutet, dass sie durch keinerlei Stadtmauern umgrenzt wurde, sondern sich über das gesamte fruchtbare Gebiet auf beiden Seiten des Nils erstreckte.

Durch Ausgrabungen weiß man heute, dass die Stadt des Mittleren Reiches in einem Schachbrettmuster angelegt worden ist und wohl damals schon ca. zwei Quadratkilometer umfasste. In den folgenden Dynastien und im Neuen Reich gewann die Stadt immer weiter an Bedeutung, so dass sie sich heute als riesiges Areal mit Tempeln, Statuen, Nekropolen und vielen weiteren baulichen Überresten darstellt.

Etwas anders verhält es sich mit der unter Echnaton gegründeten Hauptstadt Achetaton, die planmäßig in einem unbesiedelten Gebiet angelegt wurde. Die Bauzeit betrug etwa drei Jahre, die Stadt war 1343 v. Chr. bezugsfertig. Echnaton plante die Stadt als architektonisches Gegenstück zum großen Theben.

An seinen äußersten Grenzen wurde das Stadtgebiet durch Stelen fest abgesteckt, die in den Fels der Wüste geschlagen wurden. Abbilder auf den Stelen zeigen den König und Teile seiner Familie oder berichten von der Gründung der Stadt. Auch in die umgebenden Felswänden wurden Bilder der Herrscherfamilie eingemeißelt.

Im geschützten Zentrum der Stadt fanden sich alle öffentlichen Gebäude, der Verwaltungstrakt und die Palastanlagen. Ebenfalls zum Stadtkern gehörte der gigantische Aton-Tempel. Seine Mauern umfassten ein Gelände von rund 700 mal 300 Metern.

Die Wohngebiete befanden sich nördlich und südlich des Stadtzentrums. Der Ostteil der Stadt beherbergte eine Arbeitersiedlung. Es ist anzunehmen, dass hier die Arbeiter lebten, die mit dem Bau der Grabanlagen betraut waren, die ca. zwei Kilometer von der Stadt entfernt in der östlichen Wüste entstanden.

Kapitel 8

Wissenschaft, Technik, Medizin

Weniger bekannt als die gewaltigen Bauwerke des alten Ägypten sind die Leistungen der Ägypter auf wissenschaftlichem, technischem und medizinischen Gebiet. Einige von ihnen sind jedoch, gemessen an denen anderer Hochkulturen, schon für sich genommen erstaunlich genug. Bedenkt man dann noch das hohe Alter der ägyptischen Errungenschaften, so muss es einen in Erstaunen versetzen, um wieviel die Ägypter ihrer Zeit voraus waren.

Besondere Leistungen erbrachten die Ägypter unter anderem bei der Erstellung eines Kalenders, in Mathematik und Medizin sowie bei der Glasherstellung und beim Schiffbau.

Es gab jedoch auch Bereiche, in denen die Ägypter weniger weit entwickelt waren, z.B. in der Militärtechnik. Hier übernahmen sie die Errungenschaften anderer Völker und integrierten sie dem eigenen Können. Zusätzlich waren die späteren Epochen, in denen Ägypten durch Einwanderung und Fremdherrschaft immer stärker fremden Einflüssen ausgesetzt war, Zeiten intensiven wissenschaftlichen Austauschs und Fortschritts.

EINFACHE GRUNDLAGEN

Schon vor der Gründung des Reiches waren im Niltal einige grundlegende Techniken zur Herstellung nützlicher Gegenstände des täglichen Gebrauchs bekannt. Diese wurden über Generationen hinweg tradiert und dabei allmählich verfeinert und perfektioniert.

Das Schaduf erleichterte die Bewässerungsarbeit enorm.

Aus dem Flechten von Gras oder Papyrus entwickelte sich mit der Zeit das Weben, die Grundlage für die Herstellung von Textilien. Dafür benutzte man seit dem Alten Reich hölzerne Webstühle und Spindeln, auf denen die Fäden aufgerollt werden konnten.

Ebenfalls seit ältester Zeit kannte man das Gerben von Tierhäuten. Die abgezogene Haut von Haustieren wurde gereinigt und in geeignete Substanzen getaucht, um sie beständiger zu machen. Auf diese Weise gewann man Leder, aus dem man Schläuche, Schilde, Gürtel, Riemen und weitere Gegenstände herstellen konnte.

Eine dritte Grundtechnik bildete das Töpfern. Das Grundmaterial, den Ton, gewann man aus den jährlichen Ablagerungen der Nilüberschwemmungen. Der Nilschlamm wurde per Hand zu kleinen und großen Gefäßen und zu Geschirr geformt, seit dem Alten Reich mit Hilfe einer drehbaren Töpferscheibe. Dann wurden die Produkte an der Luft getrocknet und anschließend im Ofen gebrannt. Die gewonnene Keramik konnte dann farbig bemalt werden, wie die reichhaltigen Motive auf erhaltenen Vasen, Krügen und Schalen zeigen.

Auch in der Holzbearbeitung bewiesen die Ägypter seit frühester Zeit ihr Geschick. Mit Hilfe von Metallwerkzeugen wie Äxten und Sägen stellte man aufwendige Möbel, Särge, Schiffe und später Streitwagen her. Ebenfalls belegt sind Verzierungs- und Dekorationsarbeiten in Holz. Außerdem stellte man aus diesem Material, das man größtenteils aus anderen Gegenden importieren musste, die riesigen Holzschlitten her, mit deren Hilfe große Steinblöcke, Obelisken und Statuen transportiert werden konnten.

In der Landwirtschaft nutzte man neben der Arbeitskraft von Tieren (meist Rindern) seit dem Alten Reich einen Pflug aus Holz, was zu einer großen Steigerung der Bodenerträge führte. Weitere Erleichterung brachte die Einführung des Schaduf, das aus einem an einer Aufhängung befestigten Eimer bestand und das Wasserschöpfen enorm entlastete.

Altägyptische Keramikvase

DIE METALLVERARBEITUNG

Die Gewinnung und Bearbeitung von Metallen stellte für die Entwicklung einer jeden frühen Hochkultur einen entscheidenden Schritt dar. Bestimmte Metalle waren zur Herstellung von Werkzeugen und Waffen unerlässlich, andere dienten als Schmuck oder wertvolles Handelsgut.

Der Abbau von Erzen und Edelmetallen in den Minen, die häufig in abgelegenen, ausgetrockneten Wüstentälern lagen, gehörte zu den härtesten Arbeiten im Alten Ägypten. Hier wurden nur Zwangsarbeiter, Verbrecher und Sklaven (Kriegsgefangene) eingesetzt, die mit Hammer und Meißel die Minerale unter strenger Aufsicht aus dem Fels schlagen mussten.

Doch auch die in der Weiterverarbeitung Tätigen hatten es nicht leicht. Die metallische Legierung, meist Kupfererz, musste in einem Schmelzofen erhitzt werden, um das Metall in reiner Form zu gewinnen. In diesem so genannten „Rennofen", einer ummauerten Grube mit Lufteinlässen, erhitzte man das Erz, indem man es mit Holzkohle vermengte und ständig Luft zuführte. Blasebälge gab es erst im Neuen Reich, davor mussten die Metallarbeiter mit Blasrohren Luft zuführen, was sowohl ihre Lungen als auch ihre Augen auf die Dauer stark beeinträchtigt haben dürfte. Wurde das Metall flüssig, rann es in einen Nebenofen, wo man es entnahm und über offenem Feuer weiterverarbeitete.

Anfangs schmolz man vor allem Kupfer, die Legierung von Kupfer mit Zinn zur stabileren Bronze kam erst durch asiatischen Einfluss nach Ägypten (etwa seit 2000 v. Chr.). Zur eigenen Eisenverhüttung brachten es die Ägypter nicht, Eisen wurde seit dem Neuen Reich (vor allem zur Waffenherstellung) aus Asien importiert.

Auch Edelmetalle spielten in Ägypten eine große Rolle, allen voran das Gold, das man aus der Wüste und aus Nubien holte, indem man es zerkleinerte, auswusch, zu Staub zerstieß und anschließend im Ofen wieder zusammenschmolz. In der Verarbeitung des Edelmetalls zu Blechen, zu Überzügen aus Blattgold und zu Schmuck waren die Ägypter außerordentlich geschickt. Sie fassten Edelsteine in Gold ein und beherrschten das Legieren von Edelmetallen zur Herstellung besonderer Materialien (z.B. Niello-Technik).

Besonders begehrt war neben Gold auch Silber, das in Ägypten nicht in der Natur vorkam und deshalb eingeführt werden musste. Man verwendete es nicht nur zur Schmuckherstellung, sondern brauchte es auch zum Löten und zur Herstellung von Spiegeln.

Ägyptischer Goldschmuck in Form eines Ankh-Kreuzes

Niello

Seit dem Neuen Reich kannten die Ägypter auch das „schwarze Silber", das sie zum kontrastreichen Verzieren hellerer Materialien verwendeten. Gewonnen wurde es aus einer Schmelze aus Silber, Kupfer und Schwefel, die in zerstoßener Form in die vorgesehenen Stellen eingebracht wurde.

DIE GLASHERSTELLUNG

Eine der erstaunlichsten Entwicklungen der alten Ägypter ist die Herstellung von Glas. Man weiß nicht genau, wie die Ägypter das nötige Verfahren entdeckten. Möglicherweise geschah es durch einen Zufall, oder das Wissen gelangte aus Mesopotamien nach Ägypten.

Seit frühester Zeit produzierten die Ägypter Tongegenstände, die mit einem glasigen Überzug versehen waren. Diese so genannte Fayencekunst prägte die Schmuckherstellung seit den Anfängen der ägyptischen Hochkultur. Mit ihrer Hilfe konnten Perlen, Amulette, kleine glasierte Figuren und andere Schmuckstücke angefertigt werden.

Um die Mitte des 2. Jahrtausends v. Chr. stellte man bereits richtiges Glas her. Dazu mischte man Sand, Kalkstein und Soda (oder Natron), ein salziges Mineral, das in Ägypten in natürlicher Form in ausgetrockneten Flusstälern und in Salzseen vorkommt. Man erhitzte die Mischung, tauchte einen Tongegenstand hinein, umwickelte ihn mit dem flüssigen Glas und entfernte ihn anschließend wieder.

Durch Beifügen von Metallen konnte man eine Färbung des Glases erreichen, das jedoch auch ungefärbt stets trüb war. Klares Glas gab es erst in der Spätzeit, als die Technik des Glasblasens aus Syrien nach Ägypten gelangte. Beim Färben des Glases entwickelten die Ägypter offenbar erstaunliche Geschicklichkeit. Dies zeigt das älteste erhaltene Glasgefäß der Welt, der Kelch Thutmosis' III., der mit verschiedenen Farben und Ornamenten aufwändig verziert ist.

Wegen der schwierigen Herstellung war Glas bis in die Spätzeit hinein ein absolutes Luxusprodukt und wurde ausschließlich für den Pharao und dessen engsten Umkreis hergestellt. Erst mit der Einführung neuer Techniken verlor Glas allmählich seinen Seltenheitswert und wurde zum „Massenprodukt".

In römischer Zeit entwickelte sich in Alexandria ein Zentrum zur Glasherstellung, da in der Nähe ein natürlicher Natronsee lag. In Glashütten wurde nun klares Glas, das mit Antimon entfärbt wurde, fabrikmäßig hergestellt und auf Schiffen über das Mittelmeer nach Rom bzw. in weiterverarbeitende Fabriken transportiert.

DIE WISSENSCHAFTEN

Im alten Ägypten gab es noch keine Trennung zwischen methodischer Wissenschaft und traditioneller Religion. Das vorhandene Wissen wurde aus der praktischen Erfahrung gewonnen und bei der schriftlichen Niederlegung in einen systematischen Zusammenhang zu bringen versucht.

Die Welt galt den Ägyptern als von den Göttern geschaffen und mit einer richtigen Ordnung (der „Maat") versehen. Alles was der Wissenschaftler tun musste war, diese in der Welt wirkende göttliche Ordnung zu erkennen und schriftlich festzuhalten, um sie an zu künftige Generationen weiterzugeben.

Für die Ägypter gab es keinen prinzipiellen Unterschied zwischen religiösen Mythen, praktischem Wissen und theoretischen Reflexionen. All dies war Teil einer umfassenden Weltkenntnis, in der die verschiedenen Aspekte ihren genauen Platz hatten. Über theoretische Konflikte ist nichts bekannt, was freilich darin seinen Grund haben kann, dass alle Schriften offiziellen Charakter trugen, d.h. stets der Zustimmung der höchsten

Stellen (Wesir oder Pharao) bedurften oder überhaupt erst auf deren Veranlassung entstanden.

Relativ große Kenntnisse hatten die Ägypter in Mathematik und Astronomie. Sie verwendeten wie wir heute ein dezimales Zahlensystem und konnten bereits mit Brüchen rechnen, was ihnen z.B. bei der Landvermessung nützlich war. Auch auf geometrischem Gebiet hatten die Ägypter aus dem praktischen Umgang einiges an Kenntnissen erworben: So konnten sie nicht nur Flächen wie Kreise und Dreiecke berechnen, sondern auch räumliche Figuren wie Zylinder und Pyramiden – Kenntnisse, die für die Bautätigkeit unerlässlich sind. Darüber hinaus lösten sie bereits Gleichungen mit Unbekannten und führten Verhältnisberechnungen durch. In diesen verwendeten sie standardisierte Längen- und Hohlmaße, etwa zur Berechnung von Getreide- und Weinmengen. Auch Waagen und dazugehörige Gewichtseinheiten gab es, mit denen man die Menge von Metallen bestimmen konnte.

Auch in der Astronomie erwarben sich die Ägypter einige grundlegende Einsichten. So fanden sie durch systematische Himmelsbeobachtungen den Unterschied zwischen Fixsternen und Planeten, wobei sie von letzteren die fünf erdnächsten und ohne Fernrohr sichtbaren (Merkur, Venus, Mars, Jupiter, Saturn) bereits kannten. Auf diesen Kenntnissen basierte auch die wegweisende Entwicklung des ägyptischen Kalenders.

DER ÄGYPTISCHE KALENDER

Die Entwicklung eines Kalenders, der in vielem unserem heutigen nahe kommt, muss als eine der größten Leistungen der altägyptischen Wissenschaft angesehen werden. Ein Hauptgrund für diese frühe Meisterleistung lag sicherlich in der Notwendigkeit, die Zeiten der Nilschwemme und der anschließenden Bebauung genau zu kennen.

Der Neujahrstag des ägyptischen Jahres lag Mitte Juli, zur Zeit der einsetzenden Nilschwemme. Man hatte beobachtet, dass in dieser Zeit der hellste Stern am Himmel, Sirius, sich kurz vor Sonnenaufgang zeigte, nachdem er zuvor lange Zeit nicht sichtbar gewesen war.

Die weitere Einteilung des Jahres orientierte sich zunächst an der Landwirtschaft. Man teilte das Jahr in 3 Abschnitte (Achet, Peret, Schemu), die grob den Zeiten der Überschwemmung, der Bebauung und der Ernte entsprachen. Für die Monate hatte man aus Mondbeobachtungen eine Länge von 30 Tagen ermittelt, wodurch man auf ein Jahr von 360 Tagen gekommen wäre. Da man jedoch die genaue Dauer eines Sonnenjahres erkannt hatte – ungefähr 365 Tage – fügte man fünf zusätzliche Feiertage am Jahresende ein, die jeweils einer Gottheit gewidmet waren. Ein zusätzlicher Schalttag, um die Überlänge des Sonnenjahres von etwa einem viertel Tag auszugleichen, wurde erst unter den Ptolemaiern und den Römern eingeführt, so dass sich das ägyptische Jahr gegenüber dem natürlichen allmählich verschob.

Auch die Unterteilung des Tages in 24 gleiche Stunden geht auf die Ägypter zurück. Man teilte zunächst einen Kalendertag in die beiden Hälften Tag und Nacht, und dann diese beiden Abschnitte jeweils in 12 Stunden. Die jahreszeitlichen Schwankungen von Tages- und Nachtzeit glich man aus, indem man die Stundendauer anpasste, z.B. waren die Stunden des Tages im Winter kürzer als im Sommer. Zur Messung der Stunden verwendete man tagsüber Sonnenuhren, nachts orientierte man sich am Lauf der Sterne, den man mit Hilfe eines markierten Stabes (Gnomon) „ablesen" konnte.

In der 18. Dynastie (ca. 1500 v. Chr.) gelang einem ägyptischen Erfinder namens Amenemhet schließlich die Konstruktion einer funktionierenden Wasseruhr, mit deren Hilfe man die Stundenlänge unabhängig von Sonnenlicht und Sternenbewegung ablesen konnte. Damit war erstmals die Einteilung des Tages in gleich lange Stunden möglich. Amenemhet bekam eine Auszeichnung vom Pharao, durch die uns seine Erfindung überliefert ist.

Altägyptische Sonnenuhr

DIE MEDIZIN

Auch im medizinischen Bereich waren die Ägypter erstaunlich weit fortgeschritten. Obwohl ihre theoretischen Kenntnisse begrenzt und teilweise falsch waren, entwickelten sie für viele Krankheiten angemessene Behandlungsmethoden. Ägyptische Ärzte wurden in der damaligen Welt hochgeschätzt.

Schon bei Herodot findet sich das Erstaunen darüber, wie sehr sich die ägyptischen Ärzte spezialisiert haben: z.B. auf Augenleiden, Magenbeschwerden, Zahnkrankheiten. Daneben gab es „Allgemeinmediziner", die sich mit dem Beeinträchtigungen des Wohlbefindens zu befassen hatten, die nicht genau zu lokalisieren waren.

Die ägyptischen Ärzte kannten eine große Zahl verschiedener Krankheiten und versuchten, für jede einzelne eine adäquate Behandlungsmethode zu entwickeln. Dabei mussten sie ohne genaue anatomische Kenntnisse auskommen, wie aus erhaltenen Beschreibungen des Körperbaus hervorgeht. Beispielsweise nahmen sie an, dass das Herz als Zentrum des Körpers nicht nur den Verstand enthielt, sondern auch sämtliche Nerven und körpereigenen Stoffe, die von dort auf Bahnen durch den Körper geleitet würden.

Besondere Kenntnisse erwarben sich die Ärzte dagegen in der Chirurgie. Sie konnten verschiedene Knochenbrüche bestimmen und kannten die Technik des Schienens. Möglicherweise nahmen sie sogar Schädelöffnungen vor, über deren Erfolg man jedoch nur spekulieren kann. Einfache Krankheiten wurden mit Kräutern und Heilpflanzen behandelt, für kleine Verletzungen kannte man Nähte, Klammern und Pflaster.

Auch im Bereich der Hygiene waren die Ägypter fortschrittlich. So wurden vor Operationen, z.B. beim Ritual der Beschneidung, die Hände gründlich gewaschen und die Geräte im Feuer erhitzt, was das Risiko von Infektionen verminderte.

Durch einige erhaltene medizinische Papyri sind wir mit den Diagnosemethoden der Ägypter und ihrer breiten Kenntnis verschiedener Krankheiten recht gut vertraut. Dabei wurden nicht nur Erkrankungen von Menschen, sondern auch von Tieren beschrieben und behandelt, da deren Gesundheit für die Besitzer oft ebenso wichtig wie die eigene war.

Trotz der vielen bahnbrechenden Erkenntnisse blieben Magie und Beschwörung ein wichtiger Teil der ägyptischen Medizin. Es gab zahllose Zaubersprüche gegen böse Geister und grotesk anmutende Rezepte für Tinkturen, deren Wirksamkeit aus heutiger Sicht zumindest zweifelhaft ist. Auch hier hatte sich die Wissenschaft noch nicht von religiös-magischen Vorstellungen gelöst, so daß ein fließender Übergang zwischen magischen Zaubersprüchen und wirklicher ärztlicher Behandlung stattfand.

Altägyptischer Schreiber

HEERESORDNUNG & MILITÄRTECHNIK

Die Ägypter waren ursprünglich kein kriegerisches Volk. Hauptsächlich darauf bedacht, ihre Grenzen zu sichern und sich gegen Eindringlinge zur Wehr zu setzen, waren ihre Waffen lange Zeit einfach und schlicht. Das änderte sich erst im Neuen Reich, als die ägyptischen Herrscher immer stärker auf militärische Expansion setzten.

Über das Heereswesen im Alten Reich gibt es nur wenige Informationen. Die meisten ägyptischen Soldaten waren Fußsoldaten, die mit dem Speer und Schilden ausgestatten waren. Daneben gab es an Metallwaffen, die zunächst aus Kupfer bestanden, die Streitaxt und den Dolch. Eine besondere Abteilung der Armee bildeten wohl schon seit frühesten Zeiten die Bogenschützen, die Pfeile mit Steinspitzen verschossen.

Das ägyptische Heer war in mehrere Divisionen eingeteilt, die die Namen verschiedener Götter trugen. An der Spitze des Heeres stand der Pharao, der eine strenge Hierarchie von Kommandeuren und Offizieren befahl.

Mit dem Einfall der Hyksos wurde das Heereswesen revolutioniert, wichtige Neuerungen waren die Einführung der stabileren Bronzewaffen und des zweispännigen Streitwagens. Der von den asiatischen Völkern stammende Streitwagen wurde von zwei Pferden gezogen und war mit zwei Männern besetzt (meist Offizieren), von denen einer mit Pfeil und Bogen schoss und der andere die Pferde lenkte. Durch den Einsatz von Streitwagen erhöhte sich die Schlagkraft des ägyptischen Heeres um ein Vielfaches.

Der Streitwagen wurde jedoch nicht nur im Krieg eingesetzt, sondern auch bei der Jagd und bei Prozessionen. Dies weiß man, weil man im Grab des Tutanchamun einen nahezu vollständig erhaltenen Prunkwagen fand, dessen Korb mit Gold und Edelsteinen besetzt ist.

Während die ägyptischen Soldaten lange Zeit mit freiem Oberkörper kämpften, übernahm man im Neuen Reich auch die Ausrüstung anderer Völker. Man verfügte nun über Helme aus Leder oder Bronze und genähte Körperrüstungen, die den Körper des Soldaten besser schützten.

Als in der Spätzeit die Assyrer und Perser in Ägypten einfielen, waren die Ägypter den Eisenwaffen dieser Völker wiederum nicht gewachsen, da sie Eisen bis dahin nicht kannten. Auch diese Technik übernahmen die Ägypter von den Fremden, und spätestens zur Zeit der Ptolemaier verwendete man standardmäßig Eisenwaffen, wie sie auch die Griechen längst benutzten.

Altägyptischer Streitwagen

TRANSPORT

Der Nil war nicht nur die Lebensader Ägyptens, sondern auch der wichtigste Transportweg. Aus allen Zeiten der ägyptischen Geschichte sind Darstellungen von Schiffen auf dem Nil überliefert. Auf dem Land gab es dagegen lange Zeit kaum technische Transportmittel, solange Räder und Rollen noch unbekannt waren.

Altägyptische Werft: Handwerker beim Schiffsbau; Kalksteinrelief in einem Grab in Sakkara um 2400 v. Chr. (5.Dynastie)

Die ersten Boote wurden von Fischern bei der Jagd benutzt. Sie bestanden aus Schilfrohr und waren noch nicht flusstauglich, man benutzte sie in Ufernähe oder in den sumpfigen Armen des Deltas. Erst als unter Pharao Djoser die ersten Werften entstanden, war man in der Lage, größere Schiffe aus Holz zu bauen, das aus dem Libanon eingeführt wurde.

Das normale ägyptische Schiff war meist symmetrisch angelegt, verfügte über nach oben gebogene Enden an Bug und Heck und ein zentrales Segel, das an einem Mastbaum befestigt war. Am Heck befand sich außerdem ein Steuerruder, das von einem Steuermann bedient wurde. Zusätzlich zum Segel waren Ruder vorhanden, um entgegen der Windrichtung fahren zu können.

Um die riesigen Statuen und Obelisken zu transportieren, baute man große Lastschiffe, die von kleineren Schleppbooten gezogen wurden, in denen gerudert werden konnte.

Obwohl die Ägypter auch seetüchtige Schiffe bauten, waren sie keine großen Seefahrer, sie beschränkten sich im Allgemeinen auf die Nilschifffahrt und in Ausnahmefällen auf das Rote Meer. Erhalten sind Zeichnungen der Expedition der Pharaonin Hatschepsut über das Rote Meer zum Land Punt. Diese Schiffe hatten einen verstärkten Rumpf und konnten je nach Auslegung Waren oder Soldaten aufnehmen.

Trotzdem war die ägyptische Schiffsbautechnik derjenigen der „Seevölker", die am Ende des Neuen Reiches vermehrt nach Ägypten drängten, unterlegen. Als unter Ramses III. häufiger Schiffe der „Seevölker" ins Nildelta eindringen, können sie nur unter Einsatz aller Mittel und durch Flussblockaden zurückgeschlagen werden.

Der Transport auf dem Land erfolgte hauptsächlich mit Eseln, Wagen wurden erst im Neuen Reich allmählich bekannt, waren aber auch für das ägyptische Gebiet insgesamt nicht sehr geeignet. Eine Besonderheit stellten die riesigen Schlitten aus Holz dar, auf denen man Steinblöcke und Kolossalstatuen transportierte. Sie wurden von Menschen über eine Bahn aus Nilschlamm gezogen, die durch Wasserzufuhr geschmeidig gehalten wurde.

Das Schiff des Cheops

1954 entdeckte man nahe der Cheops-Pyramide die Teile eines Schiffes, die dank der Inschriften wieder zusammengesetzt werden konnten. Das wiederhergestellte Schiff ist über 40m lang. Es sollte dem verstorbenen Herrscher bei seiner Fahrt zum Himmel, zum Sonnengott Re, als Transportmittel dienen.

Altägyptisches Schiff

Kapitel 8

Alltagsleben: Im Ägypten

Unser Bild vom Alten Ägypten ist noch immer stark geprägt vom Leben und Handeln der Pharaonen, der Abfolge der Reiche und Dynastien und von den gewaltigen Bauwerken, die errichtet wurden. Doch wie lebten die übrigen Menschen, die breite Masse der Bevölkerung, deren Zahl im Neuen Reich und in der Spätzeit in die Millionen ging? Hier hat die Forschung in den letzten Jahrzehnten einige Fortschritte gemacht, die Aussagen über das Alltagsleben der Menschen ermöglichen.

Das Leben der meisten Menschen im alten Ägypten war sicherlich aus heutiger Sicht sehr hart. Die Arbeiter und Bauern rackerten sich auf den Feldern und Baustellen ab und mussten im Krieg Wehrdienst leisten. Die Frauen halfen bei der Feldarbeit, erzogen die Kinder und führten die Wirtschaft des Hauses. Insgesamt war das Leben eines Ägypters sehr stark reglementiert und organisiert. Es gab jedoch auch ein Leben neben der Arbeit. Hier sind vor allem religiöse Feste und Feiertage zu nennen, aber auch eine Freizeitkultur mit Spielen, Sport und Jagd – natürlich vor allem für die reicheren Schichten.

Die Kunstfertigkeit und Lebensfreude der Ägypter zeigte sich in nahezu allen Bereichen, besonders auch im Haushalt. Gegenstände des täglichen Gebrauchs waren oft liebevoll gestaltet und aufwändig verziert. Die vornehme Ägypterin liebte es, sich mit besonderer Haartracht zu schmücken und mit erlesenen Düften zu umgeben.

DIE FAMILIE

Die Familie bildete die grundlegende soziale Einheit der ägyptischen Gesellschaft. Ein Mann und eine Frau lebten gewöhnlich zusammen in einer monogamen Ehe, die durch die Einrichtung eines gemeinsamen Hausstands begründet wurde. Die Vielehe gab es nur in der Königsfamilie und bei hohen Beamten.

Die Eheschließung scheint für die Ägypter etwas vollkommen Selbstverständliches gewesen zu sein. Sie wurde nämlich weder gefeiert noch rechtlich festgeschrieben. Scheidungen waren ohne weiteres möglich und kamen deshalb wohl auch häufig vor. Belegt sind Eheverträge, in denen für den Fall einer Trennung die Verteilung der Güter geregelt wird. Wurde eine Ehe geschieden, so kehrte die Frau zunächst wieder zu ihrer Familie zurück. Alleinlebende Frauen gab es so gut wie nicht, es sei denn, sie waren Witwen.

Das hohe Ansehen des Ehebundes geht hervor aus zahlreichen Schriften, die Ratschläge beinhalten für eine gute Ehe, oder die die Innigkeit der verbundenen Eheleute betonen. Geheiratet wurde meist innerhalb der eigenen Schicht, es sind jedoch auch Verbindungen zwischen unterschiedlichen Ständen belegt. Man heiratete oft schon in sehr jungem Alter, die Eltern bestimmten dann die Partner füreinander. Es gab jedoch auch Ehen, bei denen die Partner sich wunschgemäß verheiraten durften.

Einer der häufigsten Scheidungsgründe dürfte Kinderlosigkeit gewesen sein. Kinder betrachteten die Ägypter aller Schichten als großen Reichtum, das harmonische Familienleben im Kreis der Kinder und Enkel findet sich auf zahlreichen Bildern idealisiert dargestellt.

Dabei war die Geburt der Kinder ein hohes Risiko, die Kinder- und Müttersterblichkeit entsprechend hoch – trotz der Errungenschaften der ägyptischen Medizin. Ägyptische Kinder wurden in der Regel zuhause in einem eigens dafür eingerichteten Raum geboren. Die Schwangere wurde dabei von älteren Frauen unterstützt, Männer hatten bis 14 Tage nach der Geburt keinen Zugang, es sei denn, sie waren Ärzte.

Da das Leben für die meisten Ägypter relativ kurz und ziemlich hart war (die durchschnittliche Lebenserwartung lag bei etwa 45 Jahren), kam der eigenen Familie und den Kindern in Verbindung mit dem Glauben an das Jenseits überragende Bedeutung zu. Zum Familienleben gehörte nämlich auch die lebenslange Sorge um die Eltern, besonders um deren Begräbnis, das ihnen ein Weiterleben nach dem Tod sichern sollte.

Familienleben im alten Ägypten

KINDHEIT, ERZIEHUNG & SCHULE

Die Geburt eines Kindes war ein gefährliches Ereignis, das deshalb während der Schwangerschaft sorgfältig vorbereitet wurde und mit dem Beistand der Götter und entsprechender Zaubersprüche vollzogen wurde. War das Kind geboren und wohlauf, erhielt es als erstes seinen besonderen Namen.

Der Name richtete sich oft nach den besonderen Umständen der Geburt und wurde meist von der Mutter festgelegt. Man benannte die Kinder nach Tieren (z.B. „Gazelle"), Göttern (z.B. „Re ist zufrieden") oder nach eigenen Wünschen für das Kind („Auf dass sie das Leben liebe"). Weitere Möglichkeiten waren die Benennung nach dem Vater oder nach dem gerade herrschenden Pharao, was beides zur Vervielfältigung gleicher Namen führte.

Das Kleinkind wurde gestillt und von der Mutter in einem gewickelten Tuch auf dem Rücken getragen, damit sie weiter ihre Arbeiten ausführen konnte. Bei sich trug das Kind stets ein Amulett oder einen Talisman, in den kleine Spruchrollen eingelassen waren, zur Abwehr aller möglichen Gefahren durch Tiere oder Krankheiten.

Im Sommer liefen die Kinder häufig nackt herum, im Winter waren sie mit Leinenhemden bekleidet. Sie trugen eine charakteristische Frisur, einen langen geflochtenen Zopf, der die rechte Seite des Kopfes bedeckt, während der Rest kurz- oder kahlgeschoren blieb.

Die ägyptische Kindheit war durch Unbeschwertheit und Spiel geprägt, aber auch durch Erziehung, Schule und Arbeit. Die Erziehung lag traditionell in den Händen der Männer, die ihren Kindern vor allem praktische Kenntnisse und die richtigen Verhaltenstugenden, ein Leben gemäß der Maat, beibrachten. Schulen kamen erst seit dem Mittleren Reich auf: Nun wurden mehrere Kinder in Gruppen von einem Lehrer unterrichtet. Die Schüler lernten vor allem Lesen und Schreiben, aber auch Mathematik, Bildhauerei und Kunst, Landeskunde und Sport. Dabei ging es mitunter recht streng zu, besonders für die, die Schreiber werden wollten. Fehlendem Fleiß half man nicht selten mit Stockschlägen nach.

Wenn die Kinder gerade keinen Unterricht hatten oder die Grundzüge ihrer späteren Arbeit erlernten, vergnügten sie sich beim Spiel. Eine große Menge Spielzeug ist uns erhalten geblieben, Kreisel, Bälle und Kegel, bewegliche Puppen und weiteres Spielzeug. Daneben vertrieb man sich die Zeit mit Geschicklichkeits- und Geselligkeitsspielen (Tauziehen, Drehkreisel u.ä.) oder mit den zahlreichen Haustieren, die beliebtesten von ihnen waren Katzen, Affen und Vögel.

Die Beschneidung

Ein besonderes Ereignis im Leben eines jungen Mannes war die Beschneidung, die etwa zwischen dem 12. und 14. Lebensjahr vorgenommen wurde. Über die Bedeutung dieses Rituals weiß man wenig, es handelt sich jedoch wahrscheinlich um eine religiöse Zeremonie, da sie von einem Priester vorgenommen wurde. Für die verstümmelnde Beschneidung von Frauen, wie sie noch heute in afrikanischen Ländern vorkommt, gibt es bisher keine altägyptischen Belege.

HÄUSER & MÖBEL

Die Behausungen der Ägypter variierten je nach Status des Besitzers stark in der Ausführung. Während Mitglieder der Oberschicht beim Errichten ihrer Häuser mit den Königspalästen wetteiferten, wohnten die einfachen Leute in recht schlichten Behausungen.

Das normale ägyptische Haus war von rechteckigem, fast quadratischem Grundriss und bestand aus Nilschlammziegeln. Diese hatten genormte Maße und wurden von den Bauarbeitern mit Lehm aneinandergefügt.

Die meisten Häuser waren zweistöckig, wobei das obere Stockwerk aus dem Flachdach bestand, das mit verschiedenen Aufbauten (z.B. Markisen) wohnlich gestaltet wurde. Als Materialien dienten neben den Ziegeln Steine, die für das Fundament eingesetzt wurden, um es gegen das bei Überschwemmungen eindringende Wasser stabil zu halten. Außerdem verwendete man Steine für die Tür- und Fensteröffnungen. Holz kam, wenn vorhanden, als Dachbalken zum Einsatz, ansonsten verwendete man Palmstämme.

Die Behausungen der Arbeiter waren oft noch einfacher als die der Bauern, sie lebten in der Nähe der Baustellen in Arbeitersiedlungen, die aus einer Art von „Reihenhäusern" bestanden, die ziemlich eng gestaltet waren.

Die Häuser der Reicheren waren großzügiger gestaltet, sie hatten mehr Räume und manchmal auch Gärten, zu denen oft ein Teich gehörte, nach dem Vorbild des Heiligen Sees im Palast des Pharao. Diese Anlagen wurden meist von Gärtnern gepflegt und bewässert.

Altägyptisches Wohnhaus; Rekonstruktion von Violet le Duc

Die Einteilung des ägyptischen Hauses war in allen Häusern in etwa gleich: es gab einen kleinen Eingangsbereich, einen großen Wohnraum und einen kleineren Küchenraum. Die Wohnhäuser der Oberschicht verfügten darüber hinaus noch über zusätzliche Räume, einerseits als Wohnräume für Diener und Sklaven, andererseits zur Lagerung von Vorräten.

Große Unterschiede gab es jedoch bei der Gestaltung der Innenräume und der Einrichtung. Zum Standard gehörten einfache Holzhocker zum Sitzen, Stühle und Tische waren eher selten, und Betten gehörten schon zum Luxusgut, das sich nur die wenigsten Ägypter leisten konnten. Die einfache Bevölkerung schlief auf Binsenmatten und ging zum Waschen in den Fluss. Bäder und Toilettenanlagen gab es nur in vornehmen Häusern.

Während die breite Bevölkerung kaum über eine zweckmäßige Inneneinrichtung verfügte (Krüge und Körbe zur Aufbewahrung), gab es bei den Reicheren eine Vielzahl von Einrichtungsgegenständen, neben verzierten Tischen und Stühlen aus Holz auch Truhen und Ständer für Öllampen.

Gerade die Wohnsituation der ärmeren Bevölkerung scheint aus heutiger Sicht wenig angenehm. So lebten oft viele Menschen in einem Haus, in dem bei den Bauern zusätzlich noch Tiere ein- und ausgingen. Wegen der kleinen und hochliegenden Fenster waren die Räume recht dunkel, und besonders zur Zeit der Nilschwemme wurden man von zahlreichen Insekten geplagt, gegen die man sich mit Moskitonetzen notdürftig zur Wehr setzte. Zusätzlich war die Luft vom Kochen über dem offenen Kohlefeuer oft stickig und verraucht.

KLEIDUNG, KOSMETIK & SCHMUCK

Während im Alten Reich das Leben im allgemeinen noch relativ schlicht war, verfeinerten sich die Vorlieben und der Geschmack der Ägypter mit den Jahrhunderten immer mehr, was sich natürlich vor allem im Leben der Reichen zeigte.

Die traditionelle Kleidung der Ägypter war äußerst knapp bemessen. Die Männer trugen einen Lendenschurz, die Frauen lange weiße Kleider aus Leinen. Man ging zumeist barfuß, nur zu besonderen Anlässen trug man Sandalen. Erst im Neuen Reich kam, durch Einflüsse anderer Völker, mehr und mehr üppige Kleidung auf. Die Männer gingen dazu über, Oberhemden und Überröcke zu tragen, Frauen trugen plissierte Kleider mit Fransen, die bei den Reicheren auch eingefärbt wurden.

Die kunstvollen Frisuren, die auf vielen ägyptischen Gemälden und an Statuen zu bewundern sind, sind in den meisten Fällen Perücken. Die Männer rasierten sich die Kopfhaare kurz oder ganz ab, ebenso verpönt war Bartwuchs, den man regelmäßig entfernte oder von Straßenbarbieren rasieren ließ. Auch die Frauen trugen oft verschiedene Perücken zu verschiedenen Anlässen, ihre natürliche Frisur spielte keine große Rolle, oft waren sie sogar glatzköpfig.

Auch die Hygiene war ziemlich weit entwickelt. Man benutzte das in der Natur vorkommende Natron zur Reinigung der Kleidung und als Mundwasser zur Zahnhygiene. Weiterhin gab es eine große Zahl an Kosmetika, die aus pflanzlichen und tierischen Bestandteilen gewonnen und gemixt wurden, man benutzte z.B. Öle und Salben zur Hautpflege. Eine Besonderheit war die Augenschminke, mit der man sich Augenlider und Brauen einfärbte (sowohl Männer als auch Frauen), in älterer Zeit meist grün, in

Der Lendenschurz und das Kleid

neuerer oft schwarz. Ergänzt wurde das Kosmetikrepertoire durch die Pflege der Finger- und Fußnägel, für die man Pinzetten und steinerne Nagelfeilen zur Hand hatte. Die Ägypter hatten auch eine besondere Vorliebe für Wohlgerüche und Parfums, die in allen erdenklichen Varianten hergestellt wurden.

Eine eminent große Rolle spielte in den reicheren Schichten auch der Schmuck. Neben dem eigentlichen Körperschmuck gab es eine Unzahl verzierter Schmuckgegenstände, die man für die Kosmetik benutzte oder als Dekoration des Hauses. Ein weit verbreitetes Schmuckstück war der Halskragen, der je nach Reichtum des Besitzers schlichter war oder weit ausladend die Brust bedeckte. Die ägyptischen Frauen der Oberschicht trugen außerdem Ketten, Armreifen, Ohrringe und Fingerringe. Zu den am häufigsten gefundenen Schmuckgegenständen gehören Schminkkästchen, Spiegel und verzierte Kosmetikutensilien.

Schminkschalen und Schminklöffel aus Elfenbein und Holz; Neues Reich

DIE ERNÄHRUNG

Auch bei der Ernährung waren die Verhältnisse je nach Zugehörigkeit zu den verschiedenen Schichten recht unterschiedlich. Während die Bauern und Arbeiter sich von einfachen Grundnahrungsmitteln ernährten, entwickelten sich in den reicheren Schichten verfeinerte Bedürfnisse, für deren Befriedigung man Exotisches aus fernen Ländern einführte.

Bei den Bauern, die sich selbst mit Lebensmitteln versorgen konnten, bestand der Hauptteil der Nahrung aus den beiden Grundbestandteilen Brot und Bier. Deren Herstellung wurde oftmals von der Frau übernommen, sie backte das Brot in der eigenen Küche und braute Bier aus dem Gerstenbrotteig. Dieses Starkbier wurde noch ein wenig mit Aromastoffen aus Früchten geschmacklich verfeinert und in ziemlich großen Mengen konsumiert, auch von den Kindern. Neben Bier spielte Milch eine wichtige Rolle, besonders natürlich bei den Viehhirten, die ständig unterwegs waren.

Verfeinert wurde die Nahrung vor allem durch Gemüse, das oft in einem kleinen Gemüsegarten angebaut wurde oder auf dem Markt im Austausch gegen Getreide zu bekommen war. Sehr beliebt waren Lauch und Zwiebeln, seltener gab es auch Gurken, Melonen und Hülsenfrüch-

Männer beim Brotbacken

te. Auch Obst bereicherte je nach Jahreszeit die Speisekarte der Ägypter, man verzehrte die typischen subtropischen Früchte wie Datteln, Feigen, Trauben oder Granatäpfel. Man verwendete diese Früchte auch zum Süßen und Verfeinern, denn es gab zwar auch Honig, dieser gehörte jedoch zu den Luxusprodukten.

Ebenso ein Luxusgut war Fleisch, das vor allem von reicheren Familien verzehrt wurde, für die Masse der Bevölkerung gab es hauptsächlich Fisch aus dem sehr fischreichen Nil. Das Fleischangebot für den Pharao reichte dagegen von Rinderbraten über allerlei Arten von Geflügel (Enten, Gänse, Kraniche, Flamingos) bis hin zu Antilopen und anderem Wild, das man bei der Wüstenjagd erlegt hatte. Als Delikatesse galten darüber hinaus Eier, die man vorwiegend von Enten und Gänsen gewann (Hühner wurden erst im Neuen Reich eingeführt). Zum Mahl genoss man verschiedene Rotweine, deren Herstellung in Ägypten bereits einen hohen Grad an Professionalität erreicht hatte. Schon damals wurden auf den Krügen das Anbaugebiet und der Jahrgang als Qualitätszeichen vermerkt, und es gab außerdem für „Kenner" besondere ausländische Weine, z.B. aus Syrien.

Die wichtigsten Ergänzungsmittel in der Küche waren Öl und Salz. Es gab viele verschiedene Öle, die man aus Pflanzensamen gewann (z.B. Sesam, Rizinus) und die vor allem zum Kochen dienten. Das wichtigste Gewürz war Salz, das man aus Wüstenvorkommen oder auch durch Sieden von Meerwasser gewann.

DIE FREIZEITGESTALTUNG

Man kann annehmen, dass es für die meisten Ägypter wenig Freizeit im heutigen Sinne gab, da sie ihre freie Zeit brauchten, um sich von den anstrengenden Arbeiten zu erholen. Auszeiten von der Arbeit waren vor allem die religiösen Feste, bei denen es teilweise sehr ausgelassen zur Sache ging.

Trotzdem gibt es aus Grabfunden der Privilegierten zahlreiche Zeugnisse einer lebendigen Freizeitkultur, von der wir nicht genau wissen können, inwieweit die normale Bevölkerung an ihr Anteil hatte.

Eine große Rolle im Leben der alten Ägypter spielte die Musik, über deren Klang und Charakter wir nur spekulieren können, da uns außer einigen Instrumenten nichts überliefert worden ist. Die Musik hatte wahrscheinlich hauptsächlich kultischen Charakter, sie wurde in Tempeln gespielt und von Sängerinnen vorgetragen. Hausmusik wird wohl ein Vorrecht der Reichen gewesen sein, der Pharao unterhielt jedoch sogar eine eigene Musik- und Gesangsschule. Zu Instrumentalmusik und Gesang tanzte man gerne, wobei die Bandbreite der Tänze sehr groß gewesen sein dürfte, von stark strukturierten bis hin zu lebhaften, ja orgiastischen Tänzen, bei denen man besondere Trachten trug.

Ein weiterer beliebter Zeitvertreib der Ägypter war der Sport, besonders der Kampfsport, der in vielen verschieden Formen ausgetragen wurde. So wurden auf dem Nil ganze Schiffskämpfe ausgetragen, während einzelne Kämpfer sich beim Ringen, Boxen und Stockfechten beweisen konnten. „Friedliche" Sportarten waren vor allem Laufen (Langstrecke) und Springen, sowohl Hoch- als auch Weitsprung. Für die Reicheren gab es besondere Sportarten, etwa das Bogen-

Das Senet-Spiel

schießen, besonders aber die Jagd. Sehr häufig sind Darstellungen von Jagdszenen, bei denen der Pharao im Streitwagen mit Pfeil und Bogen Jagd auf Wildtiere macht. Man jagte fast alles, von Gazellen und Antilopen bis hin zu Flusspferden und Vögeln. Eine erfolgreiche Jagd brachte nicht nur erlesene Delikatessen auf den Tisch, sondern verlieh dem Jäger die besondere Aura des Triumphes der Ordnung über das Chaos.

Weitere beliebte Freizeitaktivitäten auch einfacher Leute waren Brettspiele und das Erzählen bzw. Hören von Geschichten. Brettspiele erfreuten sich offenbar sehr großer Beliebtheit im Alten Ägypten. Man hat verschiedene Spielbretter, grobe aus Stein ebenso wie ganz fein gearbeitete, gefunden.

Die gebildeten Ägypter lasen bekannte Geschichten auf Papyrusrollen, während es für die Leseunkundigen den Geschichtenerzähler gab, der die traditionellen und beliebtesten Erzählungen vor seinem Publikum lebendig ausgestaltete.

Das Senet-Spiel

Das beliebteste ägyptische Spiel wurde auf einer Spielfläche von 3 mal 10 Feldern gespielt. Ziel der beiden Spieler war es, ihre Spielfiguren möglichst schnell auf die andere Seite zu bringen, ähnlich wie beim heutigen Backgammon. Die religiöse Bedeutung des Spiels lag darin, den Übergang der Seele ins Totenreich darzustellen.

LIEBE & EROTIK

Im so genannten ‚heidnischen' Leben der alten Ägypter zeigt sich für uns manchmal eine gewisse Widersprüchlichkeit: Einerseits waren sie sehr religiös und glaubten an ein Leben nach dem Tod, andererseits gaben sie sich sehr ausgelassen und lebensfroh, bisweilen auch ausgesprochen freizügig.

Die Liebe nahm in der Literatur und den Idealvorstellungen der Ägypter einen hohen Stellenwert ein. Dies betrifft zunächst die Liebe der Eheleute, die oft als Treue und gegenseitige Hochschätzung dargestellt ist. Diese Innigkeit sollte sich auf die Liebe zu den Kindern übertragen, ein Aspekt, der besonders unter Pharao Echnaton zum Tragen kommt, der sich oft mit seiner Gattin Nofretete und den Kindern abbilden ließ.

Ehebruch sah man in Ägypten äußerst ungern, man bestrafte diese Fehltritte ziemlich hart, besonders wenn sie der Frau zur Last gelegt wurden. Trotzdem gab es vor allem für Reiche die Möglichkeit, im Haus eine Konkubine zu haben, und es gab auch, verstärkt seit dem Neuen Reich, so etwas wie Prostitution. Diese war jedoch religiös überformt: Sie wurde von Tänzerinnen der Hathor ausgeübt, wobei die „Kunden" sich vielleicht auch mit dem Gesang und Tanz der halbnackten jungen Frauen begnügten.

Erotisches Leben und erotische Kunst, die unter dem Zeichen der Liebesgöttin Hathor standen, waren von natürlicher Unbekümmertheit und zeugen von ausgelassener Daseinsfreude. Frauen müssen ihre Reize niemals verbergen, sie sind oft mit bloßer Brust oder in hautengen Kleidern dargestellt, um die weiblichen Formen deutlich hervortreten zu lassen. In zahlreichen Liebesliedern wird die Schönheit und Attraktivität der Frauen besungen, ebenso die Erfahrung der Liebe, ob in Form von schmachtender Sehnsucht oder in eindeutigeren Wendungen.

Im Neuen Reich wurde die ohnehin schon große ägyptische Freizügigkeit nochmals frivoler und bekam eine gewisse Derbheit, wie sie aus manchen erhaltenen Figurengruppen und Zeichnungen hervorgeht. Dabei sind Menschen manchmal als Tiere dargestellt, was wohl als ironische Kritik an deren ungebührlichem Verhalten gemeint ist. Ebenso gibt es sehr eindeutige Darstellungen von Liebespraktiken und Stellungen, sowohl in Bild- als auch in figürlicher Form.

Ägyptische Tänzerinnen

GLOSSAR

Abu Simbel
Nubischer Ort, wo die zwei großen Felsentempel Ramses II. und der Königin Nefertari sich befinden.

Abydos
Stadt in Oberägypten, wo sich die ersten ägyptischen Pharaonen (1. und 2. Dynastie) bestatten ließen.

Achetaton
Neuerbaute Residenzstadt des Echnaton im nördlichen Oberägypten, deren Grundriss erhalten geblieben ist.

Aha
Zweiter Pharao des vereinigten Ägypten, von den Griechen Menes genannt.

Alexandria
Antike Metropole im westlichen Nildelta, erbaut von Alexander dem Großen im Jahr 331 v. Chr. Bedeutendes kulturelles Zentrum, hier stand das Museion.

Amarna
Name des Ortes, in dessen Nähe die Überreste von Achetaton liegen. Begriff für die kulturelle Revolution unter Echnaton und den entsprechenden Kunststil.

Amun
Luftgott von Theben, seit dem Mittleren Reich als Amun-Re höchster Gott der alten Ägypter.

Antinoos
Liebling des römischen Kaisers Hadrian. Fand bei einer Ägyptenreise den Tod im Nil und wurde daraufhin zum Gott erhoben.

Aton
Aspekt des Sonnengottes Re, verkörpert die aufgehende Sonnenscheibe. Verehrt als alleiniger Gott unter Echnaton.

Auaris
Gelegen im östlichen Nildelta, Hauptstadt und Festung der Hyksos während der zweiten Zwischenzeit, von den Ägyptern ca. 1650 v. Chr. erobert.

Bastet
Katzengöttin, in der Spätzeit unter libyschem Einfluß zur höchsten Gottheit erhoben, verehrt in Bubastis.

Benu
Name des heiligen Reihers von Heliopolis, der als Feuervogel Phoenix in der griechischen Mythologie erscheint.

Bubastis
Stadt im östlichen Nildelta, Hauptstadt des Reiches während der lybischen Dynastie, Kultzentrum der Katzengöttin Bastet.

Buhen
Größte ägyptische Festung in Nubien, heute vom Nasser-Stausee überschwemmt.

Chons
Mondgott, Teil der thebanischen Triade, Sohn von Amun und Mut, eigenes Heiligtum im Karnak-Tempel.

Debe
Altägyptische Gewichtseinheit (ca. 90 gr). Wurde zum Gütervergleich benutzt.

Deir el-Bahari
Nekropole nördlich von Theben, wo sich u.a. der Felsentempel der Hatschepsut befindet.

Deir el-Medine
Ausgrabungsstätte einer Arbeitersiedlung im südwestlichen Theben, während des gesamten Neuen Reiches bewohnt.

Demotisch
Vereinfachte Form der Hieroglyphenschrift zum alltäglichen Gebrauch, belegt seit dem 7. Jh. v. Chr.

Diodor
(1. Jhdt. v. Chr.) Römischer Geschichtsschreiber, der in seiner Weltgeschichte die Geschichte und das Leben in Ägypten beschreibt.

Edfu
Kultzentrum des Gottes Horus, Standort eines großen Tempels aus ptolemäischer Zeit.

Enneade
Griechisch für „Neunheit", der Gruppe der neun Hauptgötter im ältesten Kult in Heliopolis.

Fayum
Fruchtbare Oase direkt südlich des Deltas, entstanden durch Umleitung des Nils im Mittleren Reich.

Hatschepsut
Berühmter weiblicher Pharao der 18. Dynastie im Neuen Reich, das von ihr mitbegründet wurde. Regierungszeit 1479 bis 1458 v. Chr.

Hawara
Ort im Fayum, wo ein nicht erhaltener Totentempel stand, der in der Antike als „Labyrinth" berühmt war.

Herakleion
Von Franck Goddio wiederentdeckte Hafenstadt im nordwestlichen Ägypten der Spätzeit.

Hieratisch
Aus den Hieroglyphen abgeleitete, stärker zeichenartige Schrift, mit der oft Papyri beschrieben wurden.

Hyksos
Asiatisches Volk ungeklärten Ursprungs, das in der zweiten Zwischenzeit zeitweilig über Ägypten herrschte.

Imhotep
Legendärer Wesir in der dritten Dynastie, Arzt und Architekt, erbaute die erste große Steinpyramide in Sakkara.

Ka
Vitaler, körpernaher Teil der Seele in der altägyptischen Seelenlehre.

Kadesch
Antike syrische Stadt, wo 1274 v. Chr. eine der größten Schlachten der ägyptischen Geschichte stattfand.

Kanopen
Tonkrüge, die für die Bestattung der Eingeweide bestimmt sind. Seit dem Neuen Reich mit Deckeln in Göttergestalt versehen.

Kanopus
Von Goddio wiederentdeckter Hafen bei Alexandria. Der Nachbau des Kanals eines Tempels findet sich in der Villa Adriana in Rom.

Karnak
Größte Tempelanlage des Alten Ägypten in den Ruinen des östlichen Theben.

Kusch
Anderer Name für das im Süden an Ägypten angrenzende Land Nubien.

Maat
Zentraler Begriff der altägyptischen Weltsicht, bezeichnet die Ordnung, Gerechtigkeit und Wahrheit. Wird auch als Göttin verehrt.

Manethos
Griechischer Priester im Ägypten der Ptolemaierzeit, verfasste die berühmte Königschronik mit der Abfolge der 30 Dynastien.

Mastaba
Vorform der Pyramiden mit quadratischem Oberbau und unterirdischer Grabanlage.

Medinet Habu
Teil von Theben auf der westlichen Nilseite, wo der große Totentempel Ramses' III. steht.

Medjai
Nubischer Volksstamm, dessen Name zum Synonym für eine ägyptische Polizeieinheit wurde.

Meroe
Nekropole kuschitischer Könige, zwischen drittem und vierten Nilkatarakt, Fundort der nubischen Pyramiden.

Mitanni
Antikes Reich zwischen Euphrat und Tigris, das im Neuen Reich zeitweilig ein Konkurrent Ägyptens war.

Museion
Geistiges Zentrum der Antike mit der berühmten Bibliothek von Alexandria.

Narmer
Vereinigte Ober- und Unterägypten zu einem gemeinsamen Reich, erster Pharao Ägyptens; um 3000 v. Chr.

Napata
Nubische Stadt am vierten Nilkatarakt. Von hier aus beherrschten die Nubier in der Spätzeit Ägyptens.

Naukratis
Griechischer Handelshafen im östlichen Delta, gegründet etwa 600 v. Chr.

Nekropole
„Totenstadt", größeres, über eine längere Zeit benutztes Areal mit Grabanlagen.

Nemes
Das Heilige Kopftuch des Pharao, mit dem er beinahe immer abgebildet wurde.

Niello
Schwärzliche Silberlegierung, wurde für Einlagen und Verzierungen verwendet.

Nilometer
Steinerne Wasserstandsmesser an Schächten und Brunnen zur Bestimmung der Höhe der Nilschwemme.

Osiris
Einer der wichtigsten ägyptischen Götter, besonders für das Volk, Herrscher über das Totenreich.

Ostrakon (Plur. Ostraka)
Tonscherbe für Notizen und Skizzen.

Pektorale
Kostbarer, mit Symbolen versehener Brustschmuck des Pharao und hoher Würdenträger.

Philae
Nilinsel südlich des ersten Katarakts. Hier stand vor seiner Versetzung der große Tempel der Isis.

Plutarch
Römischer Schriftsteller des 1. Jahrhunderts n. Chr., der sich besonders für Ägypten und seine Religion interessierte.

Ptolemaier
Von Ptolemaios begründete griechische Dynastie, deren Könige von 323 bis 30 v. Chr. als Pharaonen über Ägypten herrschten.

Punt
Rohstoff- und goldreiches Land am Roten Meer, mit dem die Ägypter Handel trieben.

Pylon
Monumentaler Torbau in den freistehenden Tempelanlagen des Neuen Reiches.

Ramesseum
Große, residenzartige Tempelanlage Ramses' II. in Theben-West mit Heiligem See und Profangebäuden.

Ramessiden
Bezeichnung für die Könige der 20. Dynastie, die alle den Namen Ramses trugen. Nach Ramses III. setzt der allmähliche Niedergang des Neuen Reiches ein.

Schaduf
Einfache Vorrichtung zum Wasserschöpfen, trug seit dem Neuen Reich enorm zur Erleichterung der Bewässerung bei. Wird in Ägypten noch heute verwendet.

Schedet
Ort des Krokodilheiligtums des Gottes Sobek im Fayum, griechisch Krokodilopolis.

Sedfest
Regierungsjubiläum des Pharao, gefeiert nach 30 Jahren (später öfter) zur Regeneration seiner Stärke und Macht.

Seevölker
Sammelname für verschiedenen Völker, die seit dem 13. Jahrhundert v. Chr. auf Schiffen in das Nildelta eindrangen.

Serapeium
Tempel des Gottes Serapis (Osiris) in der Villa Adriana in Rom, nachgebaut von Kaiser Hadrian.

Sinuhe
Hauptgestalt des berühmtesten altägyptischen Literaturwerks, der „Geschichte von Sinuhe", einer Art Abenteuerroman.

Sphinx (Plural: Sphingen)
Skulptur mit Löwenkörper und Menschen- oder Tierkopf. Machtzeichen der Pharaonen, oft als Wächterfigur vor Tempeln.

Thoth
Gott des Wissens und Schutzherr der Schreiber, dargestellt mit Ibis- oder Paviankopf.

Uschebti
Kleine Figuren in Mumiengestalt, als Beigabe in Gräbern seit dem Mittleren Reich belegt.

Wadjet
Schlangengöttin und Göttin Unterägyptens, als Uräusschlange Schutzgöttin des Pharao.

INDEX

Bildnachweis

Archiv der contmedia GmbH; Heike Gröper; fotolia.de: Jens Teichmann, b.neeser, Christine Hanke, Jose Ignacio Soto, Laure Fons, CJPhoto, Dominique LUZY, christophe demay, franck camhi, Oliverbee, ISABELLE.ESSELIN, Renato Francia, NatUlrich, Travis Hiner, Mirek Hejnicki, SamSpiro, ANTONIO ALCOBENDAS, Rudolf T., PB, Windowseat

GESUND LEBEN ISBN: 978-3-937775-90-6

Gesund zu sein, diesen Wunsch hat wohl jeder. Wie man es aber anstellt, gesund zu bleiben, diese Frage beschäftigt die Menschheit schon sehr lange. Heute weiß man viel über die Voraussetzungen von Gesundheit, und die Wissenschaft hat ihre körperlichen und seelischen Grundlagen erforscht.

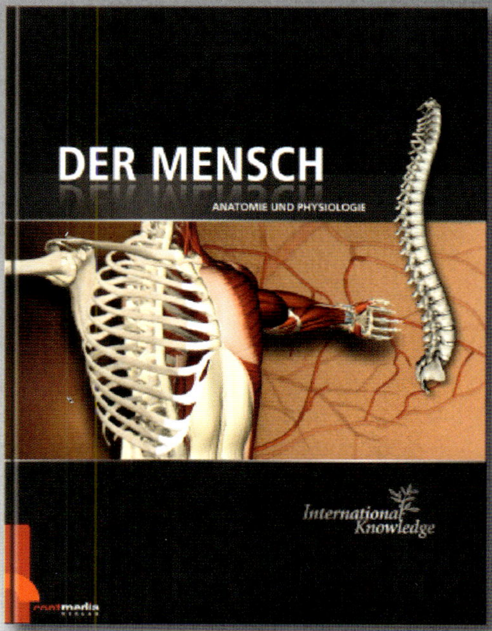

DER MENSCH ISBN: 978-3-937775-69-2

Der menschliche Körper ist ein Wunderwerk der Natur. Er besteht aus einer Reihe von Systemen, die wiederum aus Organen gebildet werden. Die Zellen sind die kleinsten Bauteile des Körpers. Der gesamte menschliche Körper besteht aus etwa 100 Millionen Zellen – und jede davon hat ihre Aufgabe.

IMPERIUM ROMANUM ISBN: 978-3-937775-77-7

Vor über 2000 Jahren errichteten die Römer eines der spektakulärsten Reiche der Antike, das Römische Reich. Das Imperium erstreckte sich von der Straße von Gibraltar bis zum Kaspischen Meer, von England bis Ägypten. Die Faszination Roms besteht in der antiken Welt und den Überresten, die man heute noch betrachten kann.

FRÜHE HOCHKULTUREN ISBN: 978-3-937775-79-1

Der Mensch hat seine größten kulturellen Leistungen nicht nur in unserer technischen Zivilisation erbracht. Neben dieser heute alles beherrschenden Kultur, die sich aus europäischen Wurzeln entwickelt hat, hat es noch andere Kulturen gegeben: Sie haben vor langer Zeit geblüht und sind heute verschwunden.

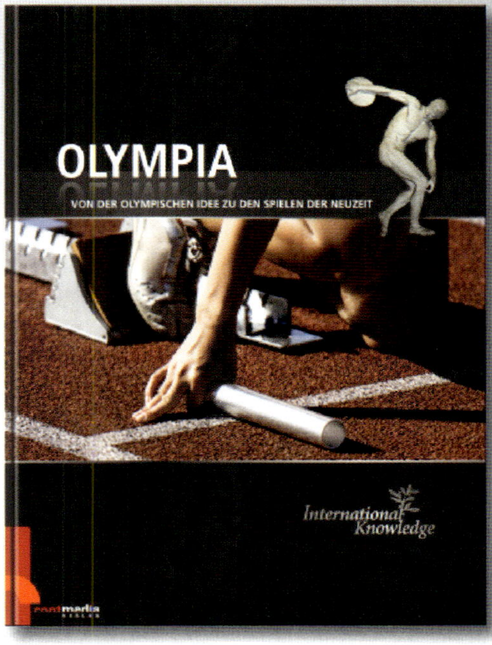

OLYMPIA ISBN: 978-3-937775-84-5

Im Jahr 2008 fanden in Peking die Spiele der XXIX. Olympiade der Neuzeit statt. Damit kann die olympische Bewegung der Moderne auf eine langjährige Geschichte zurückblicken. Kurz ist dieser Zeitraum jedoch im Vergleich mit der über 1168 Jahre aufrechterhaltenen Tradition der Olympischen Spiele der Antike.

DAS AUTOMOBIL ISBN: 978-3-937775-72-2

Die Produktion von Autos und ihrem Zubehör wuchs seit der Erfindung des Autos vor ca. 100 Jahren zu einem der größten Industriezweige der Welt an. Er bietet einschließlich der Zulieferbetriebe und anderen abhängigen Wirtschaftszweigen Millionen von Menschen Arbeit.

contmedia
VERLAG

International Knowledge

DER KOSMOS **ISBN: 978-3-937775-68-5**

Der griechische Begriff „Kosmos" bezeichnet das Weltall. Die Kosmologie ist eine Wissenschaft, die Ursprung, Entwicklung sowie die Struktur des Universums als ein einheitliches Ganzes untersucht. In der Kosmogonie, einem Teilgebiet der Astronomie, untersuchen Wissenschaftler die Entstehung und Entwicklung einzelner Himmelskörper und deren Systeme.

SÄUGETIERE **ISBN: 978-3-937775-70-8**

Die Entwicklung der Säugetiere begann etwa vor 220 Mio. Jahren im Obertrias. Zunächst war ihre Rolle nur untergeordnet, denn damals existierten und dominierten Reptilien. Mit dem Aussterben der Dinosaurier vor 65 Mio. Jahren wandelte sich das Bild der Erde. Die artenreiche Entwicklung der Säuger begann, bis sie vor etwa 15 Mio. Jahren den Höhepunkt ihrer Vielfalt erreichte.

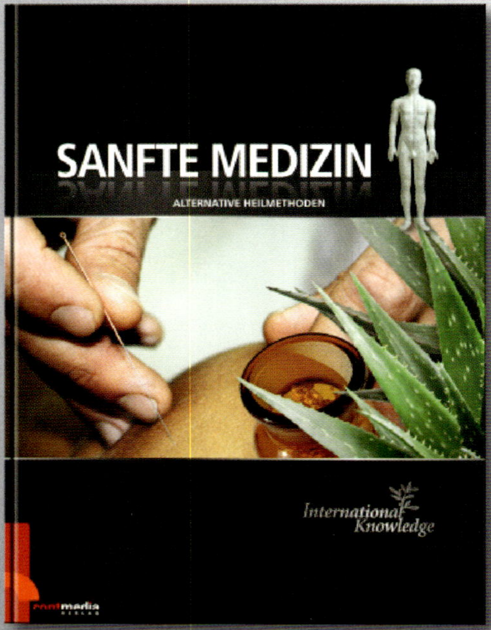

SANFTE MEDIZIN **ISBN: 978-3-937775-80-7**

Die Sanfte Medizin für Körper, Seele und Geist ist in unserer hektischen und lauten Zeit für viele Menschen ein großes Bedürfnis. Der Begriff ‚Sanfte Medizin' ist eine Sammelbezeichnung für unterschiedliche Heilweisen oder diagnostische Konzepte, die eine Alternative oder eine Ergänzung zur wissenschaftlichen Medizin darstellen.

PLANET ERDE **ISBN: 978-3-937775-66-1**

Schauen wir uns im Universum um, so entdecken wir zahlreiche Himmelskörper unterschiedlicher Größe. Die Erde ist, gemessen an der Größe, nur ein kleiner Planet. Es gibt aber einiges, was ihn zur Besonderheit macht. Am augenscheinlichsten ist die Tatsache, dass es auf der Erde Leben gibt.

KLIMA & WETTER ISBN: 978-3-937775-83-8

Das Klima der Erde wird durch die Sonnenstrahlen und ihre Auswirkungen auf die Erdoberfläche, die Kontinente und die Ozeane bestimmt. Dadurch entstehen Wechselwirkungen. Die entstehende Wärme wird durch die Treibhausgase der Atmosphäre festgehalten. Das Klima der Erde ist ein komplexes Wechselspiel aus vielen Faktoren.

DINOSAURIER ISBN: 978-3-937775-65-4

Vor vielen Millionen Jahren, lange, bevor es den Menschen gab, beherrschten die Dinosaurier in großer Artenvielfalt die Erde. Sie lebten überwiegend im Erdmittelalter (Mesozoikum) und starben am Ende dieser Zeitepoche vor etwa 65 Millionen Jahren am Ende der Kreidezeit aus.

WELTWUNDER ISBN: 978-3-937775-81-4

Schon in frühester geschichtlicher Zeit haben die Menschen gewaltige Erscheinungen in der Natur bewundert. Als es dann möglich war, solche gewaltigen Erscheinungen mit menschlichen Mitteln zu errichten, haben die Menschen damit begonnen, es den Weltwundern der Natur mit riesigen Bauten und gewagten architektonischen Experimenten gleich zu tun.

DAS MITTELALTER ISBN: 978-3-937775-67-8

Das Frankenreich und auch das Heilige Römische Reich deutscher Nation prägten das mittelalterliche Europa. Karl der Große konnte im 8. Jahrhundert fast ganz Mitteleuropa in seinem Reich vereinen. Sein Anliegen war die Erneuerung des Römischen Reiches unter fränkischer Vorherrschaft, das er gleichzeitig auch mit Eroberungszügen und der Missionierung der heidnischen Germanen und Slawen verband.

PHYSIK ISBN: 978-3-937775-76-0

Was ist schon daran interessant, ob ein Apfel und eine Stahlkugel von einem Tisch herunterfallen? Schließlich hat die Menschheit seit ewigen Zeiten Erfahrungen gesammelt, die einfach zeigen: Noch nie hat sich ein Gegenstand von selbst heraufbewegt. Aber alles fällt herunter, gleich aus welcher Höhe!

AMPHIBIEN & REPTILIEN ISBN: 978-3-937775-64-7

Mit etwa 6200 bekannten Arten sind Amphibien bzw. Lurche weltweit verbreitet. Zu ihnen gehören Salamander und Molche, Frösche und Kröten. Häufig werden sie mit Reptilien verwechselt, aber sie haben keine Schuppen wie diese.

contmedia
VERLAG